Clifford
I Love You
Pop-Up

Wohnparadiese für Kinder

Text
Margaret Sabo Wills

Fotos
Melanie Acevedo

Aus dem Amerikanischen von
Beatrice le Coutre-Bick

Gerstenberg Verlag

Bibliografische Information Der Deutschen Bibliothek
Die Deutsche Bibliothek verzeichnet diese Publikation in der Deutschen Nationalbibliografie; detaillierte bibliografische Daten sind im Internet über http://dnb.ddb.de abrufbar.

Die Originalausgabe erschien unter dem Titel *»kids' rooms«* bei Weldon Owen Inc., San Francisco

Ein Weldon-Owen-Buch
Styling: David Benrud
Lektorat: Clay Ide
Reihenkonzeption: Gretchen Clark

Weldon Owen Inc.
Chief Executive Officer: John Owen
President & Chief Operating Officer: Terry Newell
Chief Financial Officer: Christine E. Munson
Vice President, Publisher: Roger Shaw
Vice President, International Sales: Stuart Laurence

Pottery Barn Kids: »kids' rooms« wurde von Weldon Owen Inc. entwickelt und produziert.
814 Montgomery Street, San Francisco, CA 94133
in Zusammenarbeit mit Pottery Barn Kids
3250 Van Ness Avenue, San Francisco, CA 94109

Bildbearbeitung: International Color Sevice
Printed in Singapore by Tien Wah Press (Pte.) Ltd.

Deutsche Ausgabe

Redaktion und Satz: Antje Eszerski für bookwise GmbH, München

www.gerstenberg-verlag.de

ISBN 978-3-8067-2960-3

Inhalt

Ein kinderfreundliches Zuhause

Wie wir als Mütter wissen, prägen Kinder den Wohnbereich nicht nur im Kinderzimmer, sondern auch in Küche, Bad, Flur und Treppenhaus. Damit sich die ganze Familie zu Hause wohlfühlt, sollten die Bereiche, die von Kindern genutzt werden, so gestaltet sein, dass sie neben Sicherheitsaspekten auch den Einrichtungsstil der Eltern berücksichtigen.

Wir mussten bei der Gestaltung der Wohnbereiche für Kinder die Erfahrung machen, dass es nur ein sehr begrenztes Angebot an Ideen gibt, die kinderfreundlich und mit einfachen Mitteln umsetzbar sind. Dieses Buch soll Ihnen daher mit vielen kreativen Vorschlägen helfen, ein kinderfeundliches, gemütliches Zuhause zu schaffen, das Kindern viel Raum zum Spielen, Lernen und Heranwachsen bietet.

LAURA ALBER
Vorsitzende

Sandra Stangl
Stellvertretende Vorsitzende, Leiterin Verkaufspolitik

23

Wohnraum für Kinder

NP 5357
JAMBERRY
GOOD NIGHT GORILLA
The Hat
Old MacDonald's Farm
Clifford
KEITH HARING

Kinderfreundliche Gestaltung

An die Orte unserer Kindheit erinnern wir uns meist sehr lebhaft, denn diese frühen Eindrücke sind die nachhaltigsten. Alles ist noch neu und unbekannt aus der Perspektive eines Kindes. Deshalb erforschen Kinder die Welt um sich herum so gern, und sie lassen ihrer Phantasie dabei freien Spielraum.

Kinder lieben das Vertraute an ihrem Zuhause, doch das darf gern mit einer Prise Neuem und Überraschendem gewürzt sein. Das Kinderzimmer sollte ein Ort sein, an dem Kinder ihre Kreativität ausleben können. Gern beteiligen sie sich auch an der Planung der Einrichtung des Zimmers und sind begeistert mitzuerleben, wie ihre Ideen Wirklichkeit werden. Natürlich ist die Einrichtung nicht für die Ewigkeit gedacht, sondern verändert sich nach und nach mit dem Heranwachsen des Kindes und dem Wechsel seiner Interessen. Die Gestaltung des Zimmers beginnt beim durchdachten Grundriss, der Wahl pflegeleichter Oberflächenmaterialien, robuster Möbel und platzsparender Stauräume. Dekorative und phantasievolle Details machen den Raum zu einem fröhlichen Ort, an dem sich Kinder gern aufhalten und an den sie sich später immer erinnern werden.

Das perfekte Kinderzimmer

Kinderzimmer sind nicht nur zum Schlafen da, sondern für viele andere Aktivitäten

Ein bequemes Bett und eine praktische Lösung für die Unterbringung der Kleidung sind Voraussetzung für eine gelungene Kinderzimmergestaltung. Außerdem sollten Sie die Neigungen und Interessen Ihres Kindes bei der Einrichtung berücksichtigen: Wünscht sich das Kind seine Lieblingsfarbe in seinem Zimmer, einen geheimen, kuscheligen Platz zum Lesen oder möchte es seine aktuellen Favoriten – Dinosaurier oder Roboter – auf Postern, Regalen oder als Motive auf der Bettwäsche um sich haben? Unbedingt einplanen sollten Sie im Kinderzimmer einen gemütlichen Platz für das allabendliche Zubettgehritual – und einen bequemen Sessel zum Vorlesen der Gutenachtgeschichte oder große weiche Kissen zum Einkuscheln.

Verspielte Details
Das Spielzeug aus früheren Zeiten, auf der schmalen Wandkonsole aufgereiht, bildet einen Akzent vor der farbigen Wand und regt die Phantasie an (*oben*).

Ein maßgeschneidertes Zimmer
Kinder lieben Schlupfwinkel oder Kuschelecken am Fenster, in denen sie lesen und aus denen sie hinausschauen können (*links*). Die Kleiderhaken aus bunten Spielbausteinen signalisieren Ihrem Kind: »Das ist mein Zimmer!«

Ein Raum für alle Zwecke
Das Kinderzimmer sollte abends ein gemütliches Nest sein, tagsüber ein Ort zum Lesen, zum Treffen mit Freunden oder ein Platz zum unbeschwerten, phantasievollen Spielen (*rechte Seite*).

LESELAMPE
Die Lampe neben dem Bett dient als Leselampe und beleuchtet auch den mit Jeansstoff bezogenen Sessel zum Vorlesen der Gutenachtgeschichte.

LUSTIGE WANDTAFEL
Aus einer Spanplatte lässt sich mit einer Laubsäge und etwas Farbe ein phantasievolles Einrichtungselement kreieren, auf dem man Botschaften hinterlassen kann.

BETTWÄSCHE MIT MOTIVEN
Ob Fußball, Tiere oder Autos – das Bett ist ein idealer Ort, um dort die Themen zu präsentieren, die das Kind gerade interessieren.

WERTVOLLER STAURAUM
Unterbettkommoden bieten Aufbewahrungsmöglichkeiten und eignen sich gut als Platz für die Besuchermatratze.

MEISTERWERKE
In schönen Bilderrahmen kommen die künstlerischen Arbeiten Ihres Kindes angemessen zur Geltung.

GUT ERREICHBAR
Niedrige Regale in nächster Nähe zum Bett und zum Leseplatz am Fenster bieten dem Kind ungehinderten Zugang zu Büchern und Spielzeug.

GEMÜTLICHE NISCHE
Der Platz am Fenster lädt ein zum Lesen und Tagträumen.

FARBENFROHER BODENBELAG
Der robuste bunte Wollteppich trägt zur Wohlfühl-Atmosphäre bei und bietet mit seiner warmen, weichen Oberfläche eine ideale Spielunterlage.

Die Raumplanung

Behaglichkeit, Sicherheit und Spaß stehen bei der Planung an erster Stelle

Experimentieren Sie zuerst auf dem Papier, bevor Sie sich an das Möbelrücken machen. Ob Sie ein Raumgestaltungsprogramm am PC benutzen oder eine einfache Grundriss-Skizze – in jedem Fall müssen die baulichen Gegebenheiten wie Fenster und Türen sowie elektrische Anschlüsse berücksichtigt werden. Auch die Wege, die Ihr Kind zwischen Bett und Schrank oder zu seinen Spielbereichen zurücklegt, sollten Sie in Ihren Plan mit einbeziehen.

Platzieren Sie zuerst die großen Möbelstücke, bevor Sie Details in den Blick nehmen. Um Platz zu sparen, wird das Bett meist an einer Wand stehen; es kann aber auch diagonal aufgestellt werden oder als Raumteiler, zum Beispiel zwischen Spielbereich und Lese-Ecke, dienen. Hat das Bett seinen Platz erst einmal gefunden, ist es einfacher, geeignete Positionen für die weiteren Einrichtungsgegenstände wie einen Schreibtisch oder Sessel zu wählen.

Berücksichtigen Sie die Persönlichkeit und die Interessen Ihres Kindes

Die verschiedenen Bereiche des Zimmers sollten mit entsprechenden Aufbewahrungsmöglichkeiten ausgestattet sein: die Lese-Ecke mit einem Bücherregal, der Spielbereich mit Körben und Kästen zum Verstauen des Spielzeugs. Dabei sollten Sie aus Sicherheitsgründen immer darauf achten, dass hohe Regale und Schrankelemente fest in der Wand verankert sind.

Da Kinder sich gern dort aufhalten, wo die anderen Familienmitglieder sind, bewahren Sie das Lieblingsspielzeug am besten in trag- oder rollbaren Behältnissen auf, um es transportieren zu können. Vergessen Sie bei der Planung außerdem nicht: Das Zimmer von kleineren Kindern, die nicht lange unbeaufsichtigt bleiben können, sollte für Sie ein angenehmer Aufenthaltsort sein.

Die Kinderzimmereinrichtung

Von der Einrichtung hängt es ab, wie sich ein Raum »anfühlt«. Sprechen Sie daher mit Ihrem Kind über grundsätzliche Vorstellungen seiner Zimmergestaltung: lieber ein rustikales Ambiente oder verspielte Motive aus einem Lieblingsbuch? Beachten sollten Sie auch die Materialien. Warme Holztöne bilden einen schönen Kontrast zu modernen Einrichtungsakzenten und werden nicht durch Fingerabdrücke verunstaltet. Weiße Wandflächen dagegen wirken frisch und beruhigen einen ansonsten farbenfrohen Raum.

Kinder haben ganz unterschiedliche Vorlieben. Dies zeigt sich schon an der Wahl des Bettes. Viele Kinder mögen Hochbetten oder Himmelbetten mit einem Baldachin und Vorhängen, in denen sie sich verkriechen können. Andere bevorzugen lustige Betten in Form von Rennwagen oder Booten, die später an jüngere Geschwister oder Freunde weitergereicht werden können.

Runden Sie die Einrichtung des Zimmers mit einem praktischen Nachttisch, einem bequemen Sitzmöbel, (bei älteren Kindern) mit einem Schreibtisch sowie unterschiedlichen Aufbewahrungsmöglichkeiten – zum Beispiel einer Spielzeugkiste oder Bücherregalen – ab. Einen individuellen Charakter erhält das Zimmer durch selbstgemalte Bilder und Familienfotos.

Kinderzimmer-Checkliste

Wählen Sie aus und kombinieren Sie, was Ihr Kind für eine perfekte Zimmereinrichtung braucht.

Möbel

- Bett
- Schrank(elemente)
- Nachttisch
- Schreibtisch und Stuhl
- Lesesessel
- Bücherregal

Bettausstattung

- Federbett und Überdecke
- Steppdecke
- Bettlaken und Bettbezüge
- Kissen
- Bettüberwurf

Weitere Einrichtungsgegenstände

- Teppich
- Sitzkissen
- Deckenlampe
- Nachttischlampe
- Spielzeugkiste
- Aufbewahrungskörbe und -kisten
- Regale
- Gardinen/Jalousien
- Wandbilder/Bilderrahmen
- Pinnwand oder Kreidetafel
- Wecker
- Bücher
- Lernspielzeug

Kindgemäß eingerichtet

Auf einem Teppich lässt es sich bequem spielen und ein Sessel in »Kindergröße« lädt zum Lesen ein *(rechts)*. Bilder und kostbare Dekorobjekte sollten außer Reichweite von Kinderhänden platziert werden, damit sie zwar bewundert, aber nicht beschädigt werden können (*rechte Seite*).

6 10

Farben und Materialien

Die meisten Kinder werden sofort antworten, wenn Sie fragen: »Was ist Deine Lieblingsfarbe?«, aber sie sind wahrscheinlich noch nicht in der Lage, die Farbnuancen genauer zu unterscheiden. Testen Sie daher die unmittelbare Reaktion Ihres Kindes auf konkrete Farbbeispiele mithilfe von Fotos, Farbkreisen oder Farbtafeln. Bevorzugt Ihr Kind dunkle oder sehr kräftige Farben, dann greifen Sie seine Lieblingsfarbe im Muster der Bettdecke oder der Vorhänge auf oder streichen eine Zimmerwand in dem gewünschten Ton.

Der Farbton, in dem Sie das Kinderzimmer gestalten, sollte lebendig wirken und in keinem Fall dunkel und erdrückend. Intensive, kräftige Farben setzen Akzente und regen die Phantasie an, während sanfte Farben ausgleichenden Einfluss haben. Vergessen Sie auf keinen Fall den Einsatz von Weiß, da es das Auge entspannt und den Raum optisch vergrößert.

Auch das Material beeinflusst die Farbwahrnehmung: Farben wirken auf glatten, glänzenden Oberflächen heller und leuchtender, auf matten Flächen dunkler und kräftiger.

Der Kombination von Farben sind keine Grenzen gesetzt. Starke Kontraste wie bei der Zusammenstellung von Komplementärfarben wirken anregend und fröhlich, zum Beispiel wenn man kühle Grün- und Blautöne gegen warme Rot- und Orangetöne absetzt. Soll der Raum einen eher beruhigenden Charakter erhalten, dann wählen sie ein kontrastarmes Schema und gestalten Sie das Zimmer in nur einem Ton oder in dicht benachbarten Farbtönen, wobei hier neben hellen Pastelltönen auch leuchtende, satte Töne möglich sind.

Licht spielt bei der Farbgestaltung eines Raums eine sehr wichtige Rolle. Neonlicht betont blaue und grüne Töne, das Licht herkömmlicher Glühbirnen unterstreicht Gelb- und Rottöne. Deshalb sollten Sie Farbproben, die Sie auswählen, unter einer Lichtquelle beurteilen, die der des Zimmers entspricht.

Auch Materialien sollten sorgfältig gewählt werden, da Kinder sehr sensibel auf die taktile Qualität von Gegenständen reagieren. Bei der Bettwäsche verwenden Sie am besten eine Mischung unterschiedlicher Stoffe – von weicher Biberbettwäsche bis zum kuscheligen Bettüberwurf aus Chenille-Stoff.

Sehen und fühlen

Die blaue Bettwäsche wiederholt das leuchtende Blau der Wände *(links oben)*, warme Rottöne bilden dagegen einen reizvollen Kontrast zur Wandfarbe *(links unten)*. Bei der Wahl der Bettwäsche spielt nicht nur die Optik eine Rolle. Berücksichtigen Sie auch das sensible Tastempfinden Ihres Kindes. Empfehlenswert sind weiche, hautfreundliche Stoffe wie gesteppte Baumwolle *(oben)*.

Flexible Raumgestaltung zum Mitwachsen

Denken Sie bei der Planung auch daran, dass sich die Bedürfnisse Ihres Kindes ändern, wenn es heranwächst. Mit etwas Einfallsreichtum ist es möglich, das ursprünglich für ein Kleinkind geplante Zimmer (unten), den Ansprüchen eines Schulkindes bis zum Alter von zwölf Jahren anzupassen (rechts). Das Farbschema aus Cremeweiß, Preußischblau und einem leuchtenden Rot kann beibehalten werden. Nur wenige Möbelstücke muss man austauschen und

WANDSCHRANK
Um den Zugang für das Kleinkind zu erleichtern, wurde die Tür des Wandschranks durch einen Vorhang ersetzt. »Gucklöcher« machen ihn zur Bühne eines Puppentheaters und zum Schlupfwinkel beim Versteckspielen.

MINIGARDEROBE
Die Kleiderhaken aus bunten Bauklötzen sind in kindgerechter Höhe befestigt. Jacken und Pullover, die täglich benutzt werden, sind so für das Kleinkind leicht zu erreichen.

MEHRZWECK-POLSTER
Der mit Jeansstoff bezogene Sitzwürfel hat genau die richtige Größe, um einem Kleinkind zum Klettern, als Sitzplatz oder als Spielfläche zu dienen. Später kann er auch als Fußschemel verwendet werden.

GROSSE PINNWAND
Die Pinnwand auf der Schranktür bietet Platz genug, um eine ganze Galerie von Lieblingsbildern auszustellen.

DER UNIVERSALSCHRANK
Mühelos lässt sich jede Menge Kleinkram im rustikalen Holzschrank mit seinen großen Schubladen und Regalböden verstauen.

PLATZ FÜR KRIMSKRAMS
Bunte Eimer und Schubladen in kinderfreundlicher Höhe sind perfekte Aufbewahrungsorte für das Spielzeug eines Kleinkindes.

einige dem jeweiligen Lebensabschnitt des Kindes gemäße Einrichtungsgegenstände ergänzen. Um den Aufwand für die Neugestaltung in Grenzen zu halten, empfiehlt es sich, von Anfang an vielseitig einsetzbare Möbel oder zeitlose, kombinierbare Elemente einzuplanen. Regalsysteme, die Bilderbücher und Stofftiere beherbergen, können später zum Aufbewahrungsort für Abenteuerromane und Fußballtrophäen umfunktioniert werden.

GUT PRÄSENTIERT
Die Ablagefläche, auf der früher die Kuscheltiere und Bilderbücher präsentiert wurden, ist reserviert für Trophäen und Sportgeräte des Schulkindes.

COMPUTERPLATZ
Für Kinder ist der Computer Spielzeug und Lerninstrument in einem. In der Nähe des Computers sollte Platz für CD-ROMs, Bedienungsanleitungen und Zubehör sein.

ARBEITSFLÄCHE
Ein Schulkind braucht einen festen Platz, an dem seine Bücher und Hefte griffbereit stehen und es die Hausaufgaben erledigen kann.

FREIFLÄCHEN
Wird das Kind älter, entfernen Sie die Möbel, die es nicht mehr braucht, oder stellen Sie diese so um, dass Platz für neues Spielzeug oder für Sportgeräte entsteht.

DER WANDSCHRANK NUN MIT EINER TÜR
Da der Wandschrank im Zimmer eines älteren Kindes mehr Verwendung findet, erhält er seine Tür zurück.

ALLES IM BLICK
An der Pinnwand auf der Schranktür lassen sich Fotos, Souvenirs und Botschaften gut sichtbar befestigen.

Anziehen

Vorbereiten für den Tag

Wer einem Kleinkind dabei zusieht, wie es sich mit einem störrischen Knopf abmüht, versteht, welchen Fortschritt es für ein Kind bedeutet, wenn es sich erst einmal selbständig anziehen kann. Dieser Entwicklungsschritt fördert die Fingerfertigkeit und das Verständnis für Handlungsabläufe, vor allem aber das Selbstbewusstsein des Kindes.

Viele Kinder zeigen sich erstaunlich wählerisch beim Anziehen, vielleicht deshalb, weil sie den Zauber des Verkleidens auf die alltägliche Kleidung übertragen. Um die tägliche Prozedur des Anziehens für das Kind und die Eltern stressfrei zu gestalten, ist ein übersichtlich eingerichteter und ansprechender Ankleidebereich äußerst hilfreich.

Eine durchdachte Anordnung der Kleidung erleichtert es einem Kind, das selbständige Anziehen zu lernen. Am besten kommen Kinder mit einer überschaubaren Präsentation in offenen Regalen zurecht, bei der die Kleidung in deutlich markierte Kategorien eingeteilt ist. Regale und Haken auf kinderfreundlicher Höhe ermöglichen es dem Kind, ein Kleidungsstück zu greifen und es – hoffentlich – wieder zurückzulegen oder zu -hängen.

LEUCHTE MIT SCHLEIFENSCHIRM
Geschmückt mit vielen bunten Bändern, die sich im Luftzug bewegen, wird der Schirm der Deckenleuchte zum farbenfrohen Betthimmel.

GARDINEN STATT SCHRANKTÜREN
Vorhänge aus leichtem Stoff trennen das offene Regal, in dem die Kleidung liegt, vom übrigen Teil des Zimmers ab.

SCHÖNE MUSTER
Kinder lieben farbenfrohe Stoffdekors und griffige Oberflächenstrukturen.

MARKIERTE REGALE
Die Kleidungsstücke in den Regalen sind in verschiedene Kategorien eingeteilt und mit Bildmotiven markiert. Das fördert den Ordnungssinn (Einzelheiten siehe **Seite 36**).

KLEIDER ALS BLICKFANG
Individueller und fröhlicher wird der Ankleidebereich für Kinder, wenn dort ihre Lieblingssachen oder besondere Kleidungsstücken offen ausgestellt sind.

WANDSPIEGEL
Im großen Spiegel kann sich das Kind von Kopf bis Fuß sehen und kontrollieren, ob die Kleidung auch richtig angezogen ist. Der Spiegel ist fest in der Wand verankert und macht den Raum optisch geräumiger und heller.

SICHTBAR VERWAHRT
Bei durchsichtigen Behältern erkennen Kinder auf einen Blick, wo sie ihre kleinen Schätze verstaut haben.

BUNTE BEHÄLTER
Holzkisten, Kunststoffboxen, Spanschachteln oder Kartons in kräftigen Farben und mit ausgefallenem Dekor schaffen Ordnung und sind echte Hingucker.

Der Ankleidebereich

Hängen Sie einige Lieblingskleidungsstücke offen im Kinderzimmer auf

Anregungen für die Gestaltung bekommen Sie am besten, wenn Sie den Alltag Ihres Kindes in Gedanken durchspielen. Beim morgendlichen Anziehen vergessen die meisten Kinder, die noch keine Uhr lesen können, die Zeit. Da ist es hilfreich, die Kleidung an Kleiderstangen und -haken in kindgerechter Höhe aufzubewahren. Halten Sie außerdem die Garderobe durch regelmäßiges Aussortieren von unbenutzter und zu klein gewordener Kleidung überschaubar. Umständliches Suchen und ständiges Ermahnen am Morgen entfallen, wenn Sie Kleidungsstücke und Schuhe im Voraus unter Mithilfe der Kinder an einem ausgewählten Platz zurechtlegen.

Kleidungsstücke vorsortieren

Das morgendliche Anziehen geht schneller, wenn Sie die ausgewählten Kleider vorab offen aufhängen *(oben)*.

Keine Knöpfchen und Schleifen

Berücksichtigen Sie bei der Kleiderwahl den Geschicklichkeitsgrad des Kindes. Reißverschlüsse sind einfacher zu handhaben als Knöpfe. Für Kinder, die noch keine Schleifen binden können, legen Sie die Schleifen schon gebunden bereit.

Kindgemäße Ankleide

Ein Kleiderschrank kann zwar lebenslang genutzt werden, die kinderfreundlichere Lösung aber ist eine mit Schlaufen an der Zimmerdecke befestigte Stange in kindgemäßer Höhe *(rechte Seite)*. Praktisch sind auch direkt auf der Schranktür angebrachte Haken und durch breite Schleifen in der Höhe variable Spiegel.

»Ich bin schon groß und kann mich ganz allein anziehen.«

Die Kleidung sortieren

Symbole für die Kleidung

Bunte Bilder helfen dem Kleinkind, seine Kleidung selbst zu finden.

1 Verteilen Sie auf die Regalfächer von unten nach oben Kategorien. Im unteren Fach stehen die Schuhe.

2 Zeichnen Sie für die Kleidungskategorien rot umrandete Symbole auf Pappe. Die Kinder können die Symbole selbst ausmalen.

3 Befestigen Sie die Symbole am Regal mit doppelseitiger Klebefolie.

Jetzt ist alles leicht zu finden
Mithilfe der bunten Schilder an den Regalen sehen die Kinder bei der offenen Aufbewahrung genau, wo ihre Pullover, T-Shirts und Hosen liegen und können sie später auch wieder dorthin zurücklegen *(rechts und rechte Seite)*.

Bunte Bilder an den Regalböden zeigen, wo die Kleidungsstücke hingehören

Das Ordnungsprinzip ist eigentlich ganz einfach: Gleiches zu Gleichem. Kinder verstehen schnell, dass sie eine bestimmte Hose leichter finden, wenn alle Hosen am selben Platz aufbewahrt werden. Und wenn Sie einem Kleinkind erklären, dass alle T-Shirts im Regal zusammenliegen, weil sie sich gern T-Shirt-Geschichten erzählen, bringen Sie es zum Lachen und fördern seine Freude am Anziehen. Kinder sind viel eher dazu bereit, sich ihre Sachen zum Anziehen selbst zu holen, wenn sie, wie in einem offenen Regal, leicht zu finden sind. Körbe, Eimer und Kisten schaffen Ordnung in den Kleiderregalen, die noch übersichtlicher werden, wenn sie mit Wörtern oder Bildsymbolen markiert sind.

5
6

Linker und rechter Schuh

Die Schuhe paarweise auf ihren Platz im Regal zu stellen macht Spaß

Das Schuheanziehen kommt ganz zum Schluss, bevor die Kinder das Haus verlassen. Stehen dann der linke und der rechte Schuh nicht zusammen, beginnt der Tag gleich mit der unnötigen Suche nach dem richtigen Schuh. Um dies zu vermeiden, stellen Sie die Schuhe dort bereit, wo sie an- und ausgezogen werden, die Alltagsschuhe also am besten in der Diele nahe der Haustür. Schuhständer, Beutel, Schränke oder eine Kiste mit Rollen unter dem Bett bieten sich zur Aufbewahrung an, wenn wenig Stauraum vorhanden ist. Auf einem niedrigen Brett lässt sich nach der nebenstehenden Anleitung ein Schuhregal einrichten, bei dem Kinder im Handumdrehen ihre Schuhe greifen können.

Das ideale Schuhregal

Es ist leicht herzustellen, schafft Ordnung, und Kinder lernen hier zudem das Zuordnen von Paaren.

1 Suchen Sie zuerst die Schuhe zusammen, die Ihr Kind gerade trägt, die übrigen sortieren Sie aus.

2 Stellen Sie die Schuhe in einer Reihe auf einem niedrigen Regal auf. Erklären Sie Ihrem Kind, welche Schuhe jeweils zusammengehören.

3 Zeichnen Sie von jedem Schuh einen Umriss auf Karton und nummerieren Sie die Umrisse fortlaufend. Die Nummern können den Farben der Schuhe entsprechen.

4 Überziehen Sie das Brett mit festem, buntem Schrankpapier.

5 Fordern Sie das Kind dazu auf, die Schuhpaare immer an ihren vorgesehenen Platz im Regal zu stellen.

Der passende Schuh
Mit einer groben Umrisszeichnung als Ordnungshilfe *(links und linke Seite)* ist es ein Kinderspiel, die einzelnen Schuhe an ihren richtigen Platz zu stellen.

Krimskrams aufbewahren

Schön präsentiert werden kleine Schätze zum Schmuck fürs Kinderzimmer

Viele Kinder lieben es, Kleinigkeiten zu sammeln, wie Gürtel, Sticker, Schleifen, Ketten, Haarspangen oder bunte Bänder. Jedes Ding für sich braucht nicht viel Platz, aber es ist nicht leicht, das Sammelsurium gut geordnet unterzubringen – zumal die kleinen Dinge leicht verloren gehen, und die vergebliche Suche danach in Tränen enden kann.

Am besten sortieren Sie die unterschiedlichen Accessoires nach Kategorien und verstauen sie in passenden Behältern oder flachen Schubladen. Kleine Schätze eignen sich auch als schmückender Blickfang: An großen Haken an der Wand oder auf einem bunt angemalten Tablett lassen sie sich sichtbar und stets griffbereit präsentieren.

Das Krimskrams-Bild

Mit wenig Aufwand werden auch kleine Schätze zu einem Blickfang.

1 Entfernen Sie das Glas eines Bilderrahmens und streichen Sie den Rahmen bunt an. Neutrales Weiß betont die Farben der wechselnden »Ausstellungsstücke«.

2 Lösen Sie die Rückwand des Rahmens und beziehen Sie sie mit Stoff. Die Stoffränder kleben Sie auf der Rückseite fest.

3 Verzieren Sie den Stoff mit bunten Bändern und kleben Sie deren Enden auf der Rückseite an. Rückwand wieder im Rahmen befestigen.

4 Bringen Sie den bunten Rahmen in kindgerechter Höhe an, möglichst in der Nähe eines Spiegels. An den Bändern können Haarclips, Haarklemmen, Broschen und Schmuckstücke befestigt werden.

5 Befestigen Sie zusätzliche Haken für größere Accessoires am unteren Teil des Rahmens *(rechte Seite)*.

Kleine Teile gehen nicht verloren
Ob bei der Wahl der Accessoires oder bei den neuesten Experimenten mit der Frisur *(rechts)*: Kinder entscheiden am liebsten selbst, wie sie aussehen möchten. An den bunten Bändern des Krimskrams-Bildes befestigt, sind Spangen und Haarklemmen bestens aufgehoben *(rechte Seite)*.

Ordnung bis ins Kleinste

Kindern macht es Spaß, ihre Sachen in Ordnung zu halten, wenn sie sie auf unkomplizierte Weise verstauen können

Für Kinder bedeutet jede Tür, die geöffnet, und jeder Deckel, der aufgeklappt werden muss, ein Hindernis, um an ihre Sachen zu gelangen. So gern Kinder ihren Krimskrams einfach herumliegen lassen, so gern verstauen sie ihn auch griffbereit in offenen Behältern. In aufeinander abgestimmten Körben und Kisten lassen sich sämtliche Habseligkeiten übersichtlich und ordentlich aufbewahren. In Behältern aus Drahtgeflecht oder transparentem Kunststoff wird der bunte Inhalt zum Farbtupfer im Kinderzimmer.

Volltreffer für Schmutzwäsche
Ein geschlossener Behälter lädt Kinder zum Aufsammeln schmutziger Kleidung nicht gerade ein. Der oben offene Wäschesack *(links)* stellt eine zusätzliche sportliche Herausforderung dar, weil die Wäsche mit Geschick und Schwung hineingeworfen werden muss.

Hinter Glas verpackt
Vitrinen *(rechte Seite)* zeigen, was in ihnen aufbewahrt wird. Gut sichtbar findet Kleinkram darin seinen Platz.

Sich selbständig anziehen

Jedes Kind muss lernen, sich allein anzuziehen. Mit zwei bis drei Jahren versuchen die meisten Kinder ohne Hilfe in Hose und T-Shirt zu schlüpfen. Eltern können diesen Lernprozess durch eine bewusste Auswahl der Kleidungsstücke erleichtern. Gummizüge und Bündchen sind ideal für Kleinkinder. Mit vier bis fünf Jahren kommen Kinder mit Reißverschlüssen, Knöpfen und Schleifen zurecht.

Auf- und Zumachen

Reißverschlüsse sind für Kinder einfacher zu handhaben als Knöpfe (besonders wenn sie wissen, dass der Griff, mit dem der Reißverschluss auf- und zugezogen wird, am unteren Ende ein »Maul« hat, mit dem er sich auf der gegenüberliegenden Seite »verbeißt«). Knöpfe erfordern mehr Geschicklichkeit. Zum Üben eignet sich eine über die Stuhllehne gehängte Jacke eines Erwachsenen mit großen Knöpfen, die für Kinderhände leicht zu fassen sind. Daran lässt sich zeigen, wie man gleichzeitig einen Knopf wegdrückt und das Knopfloch aufzieht.

Knotentricks

Wenn man Kindern das Zubinden der Schnürsenkel erklären will, kann eine kleine Geschichte hilfreich sein. Die richtige Reihenfolge der einzelnen Handgriffe merkt sich ein Kind mit der Geschichte vom Kaninchen besonders gut: »Es war einmal ein Feld (den einfachen Über-und-Unter-Knoten knüpfen). In der Mitte des Feldes, da gab es einen großen Baum (eine aufrechte Schlaufe bilden). Eines Tages kam ein Kaninchen an dem Baum vorbei und hoppelte um den Baum herum (das lose Ende über dem anderen Senkel um die Schlaufe »hoppeln« lassen). Dann sah das Kaninchen ein Loch (auf den Kreis zeigen, der sich durch den über die Schlaufe geführten Senkel ergibt) und hüpfte in das Loch hinein (das Ende des »Kaninchensenkels« durchstecken), doch die Ohren des Kaninchens kann man trotzdem noch sehen (auf die »ohrenähnlichen« Schlaufen der Schleife zeigen).
Sitzt das Kind beim Vormachen des Schnürsenkelbindens oder des Knöpfezumachens auf Ihrem Schoß, dann strecken Sie die Arme weit vor, damit das Kind die Handgriffe gut verfolgen kann.

STAR

Basteln und Malen

Raum für schöpferische Phantasie

»Ich brauchte ein ganzes Leben, um zu lernen, wie ein Kind zu malen«, sinnierte Pablo Picasso. Er bewunderte das Vermögen von Kindern, Vertrautes unvoreingenommen und mit lebhafter Phantasie wahrzunehmen sowie Farben und Formen ohne Anspruch auf Perfektion darzustellen.

Es ist ein faszinierender Augenblick, wenn das Fäustchen eines Kleinkindes zum ersten Mal einen Buntstift umfasst, um mit voller Begeisterung Punkte und schwungvolle Linien zu produzieren. Mit zunehmender Geschicklichkeit und dem wachsenden Bewusstsein, dass das Malen etwas damit zu tun hat, die eigene Realität abzubilden, geben Kinder ihren oft rätselhaften Bildern Titel. Fragen Sie das Kind niemals: »Was soll das darstellen?«, denn das hemmt die Kreativität Ihres Kindes. Laden Sie es vielmehr mit einem »Erzähl mir von deinem Bild!« zu einem Gespräch über die Freude am eigenen Schaffen ein.

Mit altersgerechtem Mal- und Bastelbedarf fördern Sie den kreativen Forscherdrang Ihres Kindes. Die Spuren überschäumender Schaffenskraft halten abwaschbare Möbel und Bodenbeläge in Grenzen.

PAPIER GRIFFBEREIT
Von der Zeichenpapierrolle, die in kindgerechter Höhe an der Wand befestigt ist, können sich die kleinen Künstler die entsprechende Papiermenge abreißen, die sie für ihr Malprojekt brauchen.

EIMERCHEN MIT UTENSILIEN
Alles, was das Kind zum Malen und Basteln benötigt, kann es aus den bunten Materialeimerchen, die an niedrigen Haken an der Wand hängen, selbst herausnehmen und zum Arbeitstisch tragen.

KINDERFREUNDLICHE HÖHE
Ein Waschbecken in der Nähe der Malecke erleichtert nicht nur die Reinigung des benutzten Handwerkzeuges, sondern auch die der »kleinen Künstler«. Ein Vorhang unter dem Becken verbirgt Reinigungsmittel oder sonstiges Zubehör.

BODENABDECKUNG
Schützen Sie den Fußboden mit einer wasserdichten Abdeckplane oder einer Filzdecke vor unvermeidlichen Farbspritzern und Klecksen.

RICHTIGES HANDWERKSZEUG
Die kleinen Künstler sollten mit allem gut ausgestattet sein, was sie für die gefahrlose Realisierung ihrer Projekte brauchen: Papier, Farben, Pinsel, Buntstifte und Kreiden.

WÄNDE ALS TAFELFLÄCHE
Bestreichen Sie Teile der Zimmerwände mit spezieller Tafelfarbe und stellen Sie bunte Kreiden bereit. So werden große Wandgemälde möglich (Einzelheiten siehe **Seite 59**).

ROBUSTER ARBEITSTISCH
Kürzen Sie die Beine eines alten Küchentisches, streichen Sie ihn mit einem abwaschbaren Lack und sägen Sie passende Löcher in die Platte, in denen die Eimerchen mit dem Mal- und Bastelbedarf kippsicher stehen (Einzelheiten siehe **Seite 56**).

GUTE SITZMÖGLICHKEIT
Auf kindgerechten Stühlen oder auf Stühlen für Erwachsene, die auf Kindergröße gekürzt werden, malen und basteln die kleinen Künstler in bequemer und entspannter Haltung.

Den Kreativbereich ausstatten

Das kinderfreundliche Atelier hält jede Menge Material bereit

Das Experimentieren mit verschiedenen Materialien stellt für Kinder einen Hauptreiz beim Basteln und Malen dar: Zeitungs- und Transparentpapier, Karton, Finger- und Deckfarben, Zeichengeräte wie Pinsel, Buntstifte, Kreide, dazu Knetmasse, Filz, Stoff, Leder, Federn, Perlen, Muscheln, Schnüre, Fundstücke aus der Natur und vieles mehr.

Für die Aufbewahrung der Mal- und Bastelmaterialien sind flexibel einsetzbare Behälter geeignet. Sie sollten in offenen Regalen in kinderfreundlicher Höhe aufbewahrt und deutlich mit Zeichen und Symbolen beschriftet werden, damit das Kind rasch findet, was es sucht.

Kreatives Rohmaterial
Stellen Sie verschiedene Papiersorten, Scheren, Stifte sowie weitere Materialien und Handwerkszeuge bereit *(oben)*, um Ihrem Kind möglichst viel Spielraum für das Umsetzen seiner Ideen zu geben.

Ein Kinderwaschbecken
Ist ein Wasseranschluss vorhanden, dann bietet sich für die Malecke idealerweise die Installation eines Waschbeckens in kindgerechter Höhe an *(links)*.

Aufbewahren und Präsentieren
Einen reizvollen Anblick bieten nicht nur die Kunstwerke der Kinder, sondern auch die Materialien in bunten Eimerchen, alten Konservendosen (Blechkanten natürlich entschärft!) und Schachteln *(rechte Seite)*. An einer Schnur werden die neuesten Schöpfungen mit Holzwäscheklammern befestigt. Die Pappschachteln dienen als Archiv für ältere Werke.

MARY
ELOISE

»Ich male gern gruselige Bilder, um damit meinen Freunden Angst zu machen.«

Der Mal- und Basteltisch

Entwerfen Sie für die kleinen Künstler einen inspirierenden Arbeitsplatz

Der Malbereich muss nicht nur Wasser- und Farbspritzer vertragen, sondern auch genügend Platz für gemeinsame Projekte mit Geschwistern und Freunden bieten. Idealerweise befindet sich das benötigte Material zum Malen in Reichweite, damit es nicht extra herbeigeschafft werden muss. Praktisch ist hier die Aufbewahrung der Malutensilien in kleinen Eimerchen. Außerdem sollten ältere Kinder, die ihre noch in Arbeit befindlichen Kunstwerke am nächsten Tag weiterführen wollen, die Möglichkeit haben, alles mal unaufgeräumt liegen zu lassen. Kleinere Kinder, die sich gern in der Nähe von Erwachsenen aufhalten, haben ihre Malecke am besten in der Nähe der Küche.

Tischlein, wandle dich

Aus einem alten Küchentisch wird ein perfekter Mal- und Bastelplatz.

1 Kürzen Sie die Tischbeine auf kindgerechte Höhe (56 – 61 cm). Passen Sie die Arbeitsstühle an oder besorgen Sie passende Kinderstühle.

2 Messen Sie den Boden der Materialeimerchen und Wasserbehälter und schneiden Sie entsprechende Ausschnitte in die Tischplatte.

3 Streichen Sie den Arbeitstisch mit einem wasserfesten und farblich neutralen Lack.

Kippsichere Wasserbehälter
Kleine Künstler stoßen schon mal einen Wasserbehälter um. Bei diesem umgearbeiteten Küchentisch kann das nicht so schnell passieren: Hier sind die Behälter in Vertiefungen der Tischplatte fixiert (*oben und rechts*).

mary

Die Wand als Tafel

Mit spezieller Tafelfarbe vorbereitet, darf die Wand so richtig bekritzelt werden

Bei den ersten Malversuchen stellt jede freie Wandfläche für das Kind eine Versuchung dar – je größer, desto lieber. Motivierender als jedes Blatt Papier ist daher für ein Kind eine mit Tafelfarbe präparierte Wand. Verwenden Sie spezielle Tafelfarbe in verschiedenen Tönen und setzen Sie den vorgesehenen Malbereich auf der Wand durch einen Rahmen aus abwaschbarer Farbe gegen die übrigen nicht zum Malen freigegebenen Wandbereiche ab. Geben Sie Ihrem Kind staubarme Kreide und wischen Sie die Tafel mit einem feuchten Schwamm ab, um Kreidewolken zu vermeiden. Alternativ dazu bietet sich eine mit Plastik beschichtete Tafel an, die mit Folienstiften bemalt werden kann.

Riesentafel für Kreative

Wählen Sie einen Wandbereich aus, und verwenden Sie spezielle Streich- oder Sprühfarbe, um eine Wandtafel herzustellen.

1 Achten Sie auf einen ebenen Malgrund. Falls nötig, schleifen oder spachteln Sie die Wand glatt.

2 Grundieren Sie den Wandbereich sorgfältig und lassen Sie die Grundierung gut trocknen.

3 Kleben Sie die vorgesehene Tafelfläche mit Malerband ab und achten Sie auf gerade Kanten.

4 Folgen Sie beim Aufbringen der Tafelfarbe den Herstellerangaben. Entfernen Sie das Malerband, während die Farbe noch feucht ist.

5 Befestigen Sie bunte Haken für Kreide-Eimerchen an der Wand.

Eimer-Ensemble
Eine große Tafelfläche an der Wand bietet Ihrem Kind den idealen Freiraum für die ersten zeichnerischen Versuche *(links)*. Dazu gehören auch an Wandhaken aufgehängte bunte Eimerchen mit Kreide und anderem Zubehör *(linke Seite)*.

Kunstwerke präsentieren

Die Wechselausstellung

Richten Sie in der Küche eine kleine »Galerie« mit Werken Ihrer Kinder ein. Gute Lichtverhältnisse und eine neutral gestrichene Wandfläche erhöhen die Wirkung der ausgestellten Kinderbilder.

1 Für das einfache Anbringen und Austauschen der Bilder bieten sich Korkplatten oder Korkstreifen an, die man in Geschäften für Bürobedarf erhält und deren Rückseite häufig bereits für eine Montage an der Wand vorbereitet ist.

2 Vervollständigen Sie die Ausstellungsfläche mit großen, bunten Befestigungsnadeln, die man leicht wiederfindet, wenn sie mal auf den Boden fallen.

3 Platzieren Sie griffbereit eine niedrige, stabile Trittleiter für die kleinen Galeristen.

Schaffen Sie eine Ausstellungsfläche für kleine Meisterwerke

Kinder lieben es, ihre eigenen Bilder ausgestellt zu sehen. Wie Sie als Eltern schnell feststellen werden, reicht die Kühlschranktür meist nicht aus, um die Lieblingsbilder der Kinder zu präsentieren. Gestalten sie also, wenn es vom Platz her möglich ist, eine eigene »Galeriewand«, an der viele Werke ihrer Kinder aufgehängt werden können. Gemeinsam mit Ihrem Kind können Sie von Zeit zu Zeit einzelne Exponate auswählen, die gerahmt oder an Verwandte gesandt werden sollen, oder auch als dekoratives Briefpapier geeignet sind. Die plastischen, dreidimensionalen Kunstwerke brauchen eine Wandkonsole, ein Regalfach oder eine Vitrine als Ausstellungsort. Nehmen Sie neue Werke in die »Galerie« auf, dann sollten Sie die ausrangierten Stücke fotografieren und die Fotos in einem eigenen Album sammeln. Kunstwerke und Erinnerungsstücke der Kinder lassen sich auch platzsparend in speziellen Boxen oder Schrankelementen mit diversen Schubladen aufbewahren, am besten nach den Lebensjahren des Kindes geordnet.

Echte Hingucker
Rahmen und kleine Wandkonsolen (*rechts*) setzen die Lieblingswerke Ihres Kindes ins rechte Licht. Eine anregende Präsentationsmöglichkeit für eine lebendige und variabele Bilderwand bieten auch einfache Korkstreifen (*rechte Seite*).

My Family
peace
mountain range - a row of or a large group of mountains
valley - an area of lowland between two hills usually containing a river
Quincy
lake - a body of water surrounded by land
peninsula - a part of land nearly surrounded by water
Aqui Estamos en

Das Zubehör gut verstauen

Ein reiches Angebot an Papier, Farben und Materialien macht Kindern große Lust aufs Malen und Basteln

Manchmal verlangen Kinder beim Malen und Basteln nach genauen Anleitungen und Ratschlägen, ein andermal experimentieren sie völlig frei und selbständig mit den verschiedenartigsten Materialien. Sie unterstützen Ihr Kind darin, seinen kreativen Eifer ungebremst in die Tat umzusetzen, wenn Sie ihm die dazu nötigen Utensilien zur Verfügung stellen. Hierzu eignen sich Aufbewahrungsfächer in kindgerechter Höhe, die entsprechend den kreativen Bedürfnissen der kleinen Künstler erweiterbar sind.

Schaffensfreude eimerweise
Bunte Eimerchen *(links)* halten alles zum Malen und Basteln griffbereit.

Gut sortiert
In großen Holzkästen *(rechte Seite)* lässt sich Mal- und Bastelbedarf ordentlich und übersichtlich verstauen.

Kreativität fördern

Kinder sind viel kreativer als Erwachsene. Von Natur aus wissensdurstig und sprachschöpferisch veranlagt, überraschen sie uns immer wieder mit ihren frischen, unvoreingenommenen künstlerischen Experimenten. Wenn Sie die angeborene Freude an Neuem kontinuierlich bei Ihrem Kind fördern, wird es diese wertvollen Fähigkeiten auch in späteren Lebensphasen weiterentwickeln.

Die Ideenkiste

Kreativität äußert sich unter anderem darin, dass man im Vertrauten immer neue kreative Möglichkeiten entdeckt. Baut Ihr Kind gern dreidimensionale Modelle, dann hat es ganz sicher Freude daran, in einer großen »Materialkiste« nach neuen Anregungen zu suchen. Hierzu eignet sich eine große Box mit allen möglichen Materialien – Papprollen, Perlen, Geschenkpapier, Werbeaufklebern, beim Spaziergang gefundenen Steinen oder Ähnlichem. Besonders an einem regnerischen Tag liefert eine so bestückte »Materialkiste« Ihrem Kind jede Menge Stoff für spannende Bastelprojekte.

Offen für Neues

Die kreativen Fertigkeiten und Interessen Ihres Kindes entwickeln sich mit dem Alter weiter – vom Malen über das Modellieren von Figuren bis hin zum Bauen von Modellen. Dem sollte auch das Angebot an Material entsprechen. Vielleicht bastelt Ihr Kind am liebsten ganz für sich allein. Oder es möchte gern mit Ihnen zusammen etwas bauen und hofft auf Ihre Hilfe beim Ausmessen, Zuschneiden oder beim Lesen der Bauanleitung. Je anspruchsvoller das Projekt, desto größer ist die Freude, wenn es gelingt. Sie können Ihr Kind zum Ausloten seiner schöpferischen Fähigkeiten ermutigen, indem Sie es damit »beauftragen«, möglichst viele Ausstellungsobjekte zu einem Thema zu basteln, das seinem Erfahrungshorizont entspricht. Das kann beispielsweise das Thema »Ferien« sein oder »Wetter« (ergänzt um Stichwörter wie »Schnee«, »Regen« oder »Sonne«). Geben Sie Ihrem Kind die Möglichkeit, seine Ideen mit unterschiedlichen Materialien und Techniken umzusetzen. Ermuntern Sie das Kind, seinen Arbeiten einen Titel zu geben, und helfen Sie ihm dabei, seine Werke zur allgemeinen Anerkennung angemessen auszustellen.

sun
SUNNY day
SNOWY DAY

Spielen

Spielbereiche planen

Spielen bedeutet für Kinder nicht nur Spaß, sondern auch Lernen. Kleinkinder lieben es, ihre Umgebung zu erkunden. Sie sollte daher möglichst voller faszinierender Dinge sein, an denen man ziehen, schieben oder die man bewegen kann. Mit drei bis vier Jahren, wenn die kindliche Phantasie erwacht, werden Realität und Wunschdenken oft eins. Kinder im Schulalter interessieren sich zunehmend für ihr soziales Umfeld und suchen Herausforderung bei Sport und Spiel.

Welche Bedeutung wir ihrem Spiel beimessen, erkennen Kinder daran, dass sie altersgerechtes Spielzeug geschenkt bekommen und Eltern sich die Zeit zum Mitspielen nehmen. Spielzeug sollte zu immer neuen Ideen anregen, wie das Bauklötze, Puppen und Knetmasse tun, die bei Kindern seit Generationen beliebt sind.

Der ideale Spielbereich bietet einem Kind Raum zur Entfaltung seiner Kreativität. Wichtig sind dabei Tisch und Stühle, um nach Herzenslust zu bauen, zu malen, zu schreiben oder andere Ideen in die Tat umzusetzen.

VARIABLE BELEUCHTUNG
Die alten Werkstattleuchten sind in der Höhe verstellbar und können den wechselnden Lichtbedürfnissen beim Spielen und Basteln angepasst werden.

DIE RIESENUHR
Eine überdimensionierte Schuluhr zeigt die Stunden an, die in diesem geräumigen und kindgerecht gestalteten Spielzimmer wie im Flug vergehen.

BEREIT FÜR EIN SPIELCHEN
Der Tisch wird direkt zum Spielfeld, denn die Spielbretter der Lieblingsspiele sind fest darauf befestigt (Einzelheiten siehe **Seite 76**).

IMPROVISATIONEN
Thematisch zusammengestelltes Spielmaterial inspiriert Kinder zu phantasievollen und spontanen Aktivitäten. Dazu gehören auch Musikinstrumente.

MULTIFUNKTIONALER TISCH
Im Spielzimmer stehen zusammengeschobene Tische (oder ein langer Tisch) für Lieblingsbrettspiele, Baukästen und Bastelmaterial bereit.

WUNDERWAND
Mit Tafelfarbe verwandelt sich die Wand in eine riesige Malfläche (Einzelheiten siehe **Seite 59**). Kommt noch ein Basketballkorb hinzu, dann wird diese Wand zur Attraktion des Spielzimmers.
VIELZWECKFÄCHER
Quadratische Holzkisten, die miteinander verbunden werden können, lassen sich als übersichtliches Aufbewahrungssystem in jeden Raum einpassen.
GUT SICHTBAR VERSTAUT
In großen Körben aus Kunststoff oder Weidengeflecht liegen alle möglichen Spiel- und Sportgeräte in Griffweite parat.
ROBUSTER BODENBELAG
Der leicht zu reinigende Linoleumboden hält starke Beanspruchung aus. Das klare Schachbrettmuster spricht alle Kinder an.
FREUNDE SIND WILLKOMMEN
Auf den bequemen Sitzsäcken lassen sich zu Besuch kommende Freunde gern nieder. Außerdem laden sie in Mußestunden zum Lesen und Tagträumen ein.

Freiraum zum Spielen

Es gibt so viele Möglichkeiten zu spielen. Das Spielzimmer sollte Raum dazu bieten

Ist der Platz vorhanden, dann entlastet ein Spielzimmer als Aufbewahrungsraum für Spielmaterial den Schlafraum. Es ist der Ort, an dem Kinder nach Herzenslust spielen können. Idealerweise ist dieses Zimmer hell und besitzt sowohl weiche als auch harte Bodenflächen und eine freundliche Beleuchtung. Die Grundelemente sind einfach: viel freier Platz, ein großer Tisch, bequeme Sitzgelegenheiten, Baukästen, Bastelbedarf und Spiele. Turnmatten, Bälle, eine Ballettstange oder Sportgeräte fördern Bewegungsspiele, ein Bühnenpodest, ein Puppentheater, eine Kiste mit Kleidungsstücken zum Verkleiden oder ein Kaufmannsladen regen die kindliche Phantasie an.

Bewegungsdrang ausleben
Mal spielen Kinder ruhig und besinnlich, mal lebhaft und wild. Der Raumgröße angepasstes Spielgerät für körperliche Aktivitäten *(oben)* lässt selbst an einem Regentag keine Langeweile aufkommen.

Fröhliche Klänge
Mit Musikinstrumenten erforschen Kinder die Welt der Töne *(links)*. Nach dem Spiel können die Dinge in ein leicht erreichbares Regal mit einem einfachen Ordnungssystem zurückgelegt werden.

Das Zentrum aller Aktivitäten
An einem großzügigen Tisch (oder zwei kleineren) mit kindgerechten Stühlen *(rechts)* ist genug Platz für Brettspiele, um mit Bauklötzen Phantasiestädte zu bauen oder um Papierflieger zu falten und sie auf eine Leine aufzuziehen *(rechte Seite)*.

»Ich lass den Ball fallen, wenn wir zu viel lachen.«

Alles am rechten Platz

Der große Spieletisch

Bunte Spielbretter direkt auf der Tischplatte befestigt, laden immer wieder zu neuen Partien ein.

1 Wählen Sie einen geeigneten Tisch aus und arrangieren Sie mehrere Spielbretter der Lieblingsspiele Ihres Kindes darauf.

2 Überziehen Sie die Spielbretter bzw. die gesamte Tischplatte mit transparenter Acrylfolie (Zuschnitte nach Maß im Fachhandel).

3 Spielsteine und Anleitungen bleiben in den Originalschachteln, die leicht erreichbar in der Nähe untergebracht werden.

Auch wenn die Spielzeugsammlung ständig wächst, lässt sich Ordnung halten

Wie bringen Sie Ordnung in den Spielbereich, wenn sich die Spiele, Bastelutensilien und Baukästen ständig vermehren? Oberste Priorität sollten die aktuellen Lieblingsspiele genießen. Was nicht mehr gebraucht wird, sortieren Sie aus (einige Spiele können Sie als Erinnerungsstücke aufbewahren). Widerstehen Sie der Verlockung, herumliegendes Spielzeug in eine große Tonne zu packen: Ihr Kind wird die in der Tiefe verborgenen Spiele nicht benutzen – oder auf der Suche nach bestimmten Stücken alles ausschütten. Eine zielgerichtete Suche wird möglich, wenn größere Spielzeuge in voluminösen Behältnissen verstaut werden und der Rest in transparenten oder markierten Boxen Platz findet.

Spiel- und Spaßzentrum
Auf einem großen Tisch haben Kinder genügend Platz zum Bauen *(rechts)*, für ihre Lieblings-Brettspiele *(rechte Seite)* oder eine Mischung aus beidem.

Geheime Rückzugsorte

Schlupfwinkel und Verstecke prägen die Erinnerung an die Kindheit

Vielleicht, weil ihnen die Welt noch endlos groß erscheint, mögen Kinder ihrer Körpergröße angepasste Rückzugsmöglichkeiten besonders gern – seien es professionell gefertigte Spielhäuser oder mit Kreidezeichnungen bemalte Höhlen aus großen Pappkartons. Hier können Kinder ihrer Phantasie freien Lauf lassen. Außerdem erforschen sie technische Konstruktionen, Proportionen, Gewichte und die Materialien ihrer Welt im Kleinen. Manche Kinder bauen sich ihre Höhlen am liebsten ohne Hilfe aus Brettern oder mit Decken unter einem Tisch. Andere Kinder arbeiten beim Bau des Spielhauses begeistert mit Erwachsenen zusammen und lernen so nebenbei, mit Werkzeugen umzugehen.

Der Mini-Flaschenzug

Installieren Sie auf einem Baumhaus oder Balkon einen kleinen Flaschenzug zum Heraufziehen von Getränken oder Stofftieren.

1 Benutzen Sie für den Flaschenzug ein weiches, reißfestes Seil.

2 Binden Sie das eine Ende des Seils an einen Pfosten. Befestigen Sie am anderen Ende des Seils einen Karabinerhaken und achten Sie auf sichere Montage!

3 Zeigen Sie Ihrem Kind, wie man Hand über Hand durch Ziehen an dem Seil einen Eimer oder einen Korb nach oben hieven kann.

Das eigene Reich
Ein Baumhaus *(linke Seite)* wird zum Schloss oder Piratenschiff. Vorräte und Schätze lassen sich mit dem Flaschenzug nach oben ziehen *(links und oben)*.

Spielflächen im Freien

Tic Tac Toe in Übergröße

Wer drei Steine in eine Reihe bekommt, hat beim Tic Tac Toe-Spiel gewonnen. Machen Sie aus dem Brettspiel einen Spaß für draußen!

1 Lassen Sie sich eine wetterfeste Spanplatte zuschneiden. Falls Sie einen Sandkasten haben, richten Sie sich nach dessen Maßen, um die Platte auch als Abdeckung des Sandkastens verwenden zu können.

2 Streichen Sie die Platte in einem lebhaften Ton mit Latexfarbe.

3 Teilen Sie die Platte mit einem Malerband in neun gleiche Felder.

4 Streichen Sie den Hintergrund mit einem kontrastierenden Farbton. Entfernen Sie das Abklebeband.

5 Versiegeln Sie die Platte mit einem transparenten Schutzlack.

6 Sammeln Sie mit Ihrem Kind Steine und Stöcke, die sich zum Legen von »X« und »O« eignen.

Schaffen Sie Außenbereiche, in denen Kinder ihren Bewegungsdrang ausleben

Kinder wollen sich beim Spielen im Freien austoben. Um allzu großem Ungestüm dabei Einhalt gebieten zu können, sollten die hierfür vorgesehenen Spielbereiche vom Haus aus gut einsehbar sein. Idealerweise besteht der Spielbereich aus einer Rasenfläche zum Herumtollen und einem festen Untergrund zum Radfahren oder zum Malen mit Kreide. Sinnvoll ist ein Picknick-Tischchen für kleine Mahlzeiten. Der Boden um Schaukeln oder Kletterstangen sollte mit weichem Mulch oder Gummimatten gepolstert sein, um kleinere Stürze abzumildern. Auch an ausreichend Stauraum für Dreiräder, Bälle, Springseile oder Wasserspielzeuge für die wärmeren Monate sollten Sie denken.

Doppeltes Vergnügen
Der Verlockung eines Sandkastens widerstehen nur wenige Kinder *(rechte Seite)*. Ist der Bedarf am Spielen im Sand gedeckt, kann der Kasten mit einem Brett abgedeckt werden, das weitere Spielmöglichkeiten wie Tic Tac Toe bereithält *(rechts)*.

Spiele zum Mitnehmen

Kinder werden nie müde, wenn es ums Spielen geht – drinnen wie draußen

Das Spielbedürfnis eines Kindes geht selbst über ein reich bestücktes Spielzimmer weit hinaus. Ein Kind will seine Erfahrungen auch draußen sammeln, häufig jedoch nicht, ohne seine Lieblingsspielzeuge aus dem Haus mitzunehmen. Zum Malen im Freien benötigte Papiere und Buntstifte transportiert man am besten in Körben und Eimerchen. Wenn Ihr Kind sich in der Nachbarschaft verabredet hat, packt es am besten Spielzeug, Bücher, einen Imbiss und was es sonst noch braucht in einen Rucksack. Beim Spielen im Freien sind Klapptische praktisch. Eine über den Tisch gebreitete Decke, oder besser noch ein Zelt, bietet einen gemütlichen Unterschlupf, wo immer sich die Kinder aufhalten.

Der Spielerucksack

Alle Lieblingsspielsachen sind in diesem Spielerucksack kompakt verstaut und können leicht überallhin mitgenommen werden.

1 Wählen Sie einen geräumigen Rucksack aus stabilem, waschbarem Material wie Segeltuch.

2 Sticken oder schreiben Sie den Namen Ihres Kindes auf den Rucksack oder nähen oder bügeln Sie ein Namensetikett auf.

3 Bestücken Sie den Spielerucksack mit einer bunten Mischung aus den Lieblingsspielzeugen Ihres Kindes, interessanten Büchern und einigen Malutensilien für unterwegs.

Für kleine Nomaden

Ein kleines Indianerzelt im Garten *(links und linke Seite)* ist ein wunderbarer Rückzugsort, an dem es sich ungestört spielen lässt.

Spielerisch Bewegung fördern

Videospiele und Fernseher halten Kinder mit geradezu hypnotischer Kraft von körperlichen Aktivitäten ab. Damit Kinder ihren natürlichen Bewegungsdrang ausleben, sollte die virtuelle Realität nur in kleinen Dosen verabreicht werden. Gemeinsame Freizeitaktivitäten wie Schwimmen oder Radfahren machen Kindern Spaß und vermitteln ihnen lebenslang die Freude an Bewegung.

Medien mit Köpfchen nutzen

Seit es sinnvolle und attraktive Fernsehsendungen und Computerprogramme für Kinder gibt, suchen immer mehr Eltern nach einer gesunden Mischung von Medien und anderen Aktivitäten. Bei einigen Familien stehen Fernseher und Computer nur in Räumen, in denen Eltern die Kinder leicht im Auge behalten können. Zeituhren und Wecker erinnern die Kinder daran, dass es Zeit ist, den Computer auszuschalten. Sendungen, die gemeinsam mit den Eltern angeschaut und besprochen werden, fördern eine kritische und bewusste Haltung der Kinder zum Dargestellten.

Einfach, aber ein Vergnügen

Kinder von heute haben immer noch großen Spaß an klassischen Spielen wie »Gummitwist«, »Murmelspiel« oder »Hüpfekästchen«. Sind Ihnen die Spielregeln aus Ihrer eigenen Kindheit nicht mehr vertraut, geben Ihnen Bücher und das Internet schnell Auskunft. Dabei werden Sie feststellen, dass sich Kinder aus aller Welt an diesen traditionellen Spielen erfreuen. Vor allem »Hüpfekästchen« ist beliebt. Hierfür markieren Sie die benötigten Felder mit Kreide, Klebeband oder Farbe auf dem Bürgersteig oder dem Boden im Hausflur. Nummerieren Sie die Einzel- und Doppelfelder mit den Ziffern von 1 bis 10 durch. Die Regeln sind leicht erklärt. Bei der bekanntesten Version von »Hüpfekästchen« wirft ein Spieler einen Stein in das erste vor ihm liegende Feld und hüpft den Weg hin und zurück. Dabei darf er in den Einzelfeldern nur auf einem Bein stehen und mit jeweils einem Bein in den Doppelfeldern. Auf dem Rückweg muss er den Stein aufheben. Dann wirft er den Stein in das zweite Feld und hüpft den Weg hin und zurück. Tritt er auf eine der Linien oder berührt er den Boden mit beiden Füßen, hat er die Runde verloren. Wer den Weg von 1 bis 10 ohne Fehler hüpft, hat gewonnen.

Essen und Trinken

Von Anfang an gesund ernähren

Gemeinsam mit der Familie zu essen, prägt die Ernährungsgewohnheiten von Kindern. Gesunde Familienmahlzeiten stellen für Eltern heute allerdings bei all den verführerischen Werbespots für Fastfood und Süßigkeiten eine große Herausforderung dar. Eine praktische und gemütliche Gestaltung des Essbereichs hilft dabei, die Mahlzeiten als wertvolle Pausen im Tagesablauf attraktiv zu gestalten und Kindern nebenbei zu vermitteln, was gesunde Ernährung bedeutet.

Die Schlüssel zu gesunder Ernährung sind Zeit und Geduld. Wenn Sie Ihrem Kind in Sachen Ernährung ein Vorbild sind und ihm neue, gesunde Gerichte zusammen mit Vertrautem langsam schmackhaft machen, werden sich die Essgewohnheiten Ihres Kindes Schritt für Schritt ändern, und es wird sich mit der Zeit an eine ausgewogene Ernährung gewöhnen.

Eine große Erleichterung für Eltern ist die gute Vorratshaltung. Sorgen Sie dafür, dass im Haushalt immer unterschiedliche vollwertige Nahrungsmittel zur Verfügung stehen, aus denen Ihr Kind selbst auswählen kann.

WARTESPIELE VOR DEM ESSEN
Eine Tasche an der Rückenlehne des Stuhls enthält eine Auswahl an Spielzeug, um Kindern die Wartezeit bis zum Essen zu verkürzen (Einzelheiten siehe **Seite 92**).

ROBUSTER BODENBELAG
Eine Versiegelung schützt das Parkett in Küche und Esszimmer vor verschütteten Getränken, heruntergefallenen Essensresten und anderen Missgeschicken.

FRÖHLICHES ALLERLEI
Buntes Plastikgeschirr verleiht auch der schlichtesten Tischgestaltung Farbe und übersteht manches Malheur, ohne dass es Scherben gibt.

PERSÖNLICHES TISCHSET
Ein selbstgemaltes Bild Ihres Kindes kann laminiert werden und dient als dekoratives Tischset mit einer ganz persönlichen Note (Einzelheiten siehe **Seite 98**).

ZWISCHENDURCH GESUNDES
Den kleinen Hunger stillen gesunde Snacks wie Obst oder Möhrenstücke, die in Plastikdosen lange frisch bleiben.

BEWEGUNGSFREIHEIT
Ein runder Tisch mit einem zentralen Standfuß bietet Ihnen genügend Beinfreiheit, um Ihr Kind direkt an Ihrer Seite zu platzieren. Außerdem ist Platz am Tisch für Gäste.

DIE PASSENDE SITZHÖHE
Damit sich ein Kleinkind am Tisch der Erwachsenen wohlfühlt, thront es auf einem Hochstuhl oder einer Sitzhilfe und genießt den Überblick.

Die kindgerechte Küche

Das Herz der Wohnung bietet Raum für Essen, Spielen und Zusammensein

Solange Ihr Kind erst noch lernen muss, still zu sitzen und mit Messer und Gabel zu essen, sollten Sie für den Boden und die Möbel im Essbereich pflegeleichte Materialien wählen: lackierte Holzoberflächen, Laminat, versiegeltes Parkett oder Linoleumböden tun hier gute Dienste. Ist die Phase des »An-der-Tischdecke-Zerrens« bei Ihrem Kind vorüber, können Sie Ihren Tisch wieder mit pflegeleichten Textilien schmücken. Auch wenn ein Kleinkind anfangs nicht stillsitzen will, sollten Sie es daran gewöhnen, am Tisch zu essen. Teilen Sie ihm beim Tischdecken einfache Aufgaben zu, oder versorgen Sie es am Tisch mit Spielsachen, um die Zeit bis zum Servieren zu überbrücken.

Ein kindersicherer Esstisch
Bunte, spülmaschinengeeignete Plastiktellerchen, eine unempfindliche Tischoberfläche und ein Lätzchen *(oben)* helfen den hungrigen Mäulchen beim Übergang vom Hochstuhl zum Essen bei Tisch.

Willkommene Ablenkung
Zwei Metallösen und eine Kordel machen aus einem Küchenhandtuch einen waschbaren Beutel *(links)*, der die kleine Sophie höchstpersönlich an ihrem Platz am Tisch willkommen heißt. Ein Stück Frotteehandtuch auf den Beutel aufgenäht, dient als Täschchen, auf dem der Name des Kindes mit leuchtender Textilfarbe aufgemalt ist.

Ein einladendes Bild
Baumwollvorhänge *(rechte Seite)* trennen die Küche vom Essbereich ab und sorgen für ein stilvolles Ambiente – vor allem, wenn Gäste geladen sind.

Sophie

»Am liebsten esse ich ganz saftige Orangenstücke.«

EGGS
LARGE
MEDIUM
SMALL
MARY

Persönliches Essgeschirr

Farbenfrohe Kunstwerke Ihres Kindes verschönern den Esstisch

Jeder Küchenchef weiß, wie wichtig eine ansprechende Präsentation der Mahlzeiten ist. Kinder lassen sich bei Tisch von Details, wie einem phantasievoll bemalten Schüsselchen, besonderen Geburtstagstellern, einem als Blumenvase verwendeten Saftkrug oder auch von stimmungsvollen Kerzen (die natürlich außer Reichweite der Kinderhände stehen), faszinieren. Und mit Begeisterung sind Kinder dabei, wenn sie Teller, Tassen und Schüsseln mit Porzellanfarben selbst bemalen dürfen. Darüber hinaus gibt es spezielle Kunststofftassen, die Sie mit einem Foto Ihres Kindes, einem von ihm gemalten Bild oder mit einem Schnappschuss des geliebten Haustieres schmücken können.

Kunstwerke für den Tisch

Teller, Tassen und Müslischalen mit selbst entworfenem Dekor können Kinder ganz einfach herstellen.

1 Besorgen Sie aus einem Geschäft für Bastel- und Malbedarf Porzellanfarben bzw. Porzellanmalstifte (Vorsicht, nicht spülmaschinenfest!).

2 Lassen Sie Ihr Kind damit farblich neutrale Geschirrteile nach Lust und Laune verzieren.

3 Haltbare Porzellanfarben werden im Backofen eingebrannt.

Persönlichkeit entwickeln
Kinder lieben es, Dinge selbst zu gestalten *(links)*. Deshalb wirken die selbstbemalten Porzellanteller auch doppelt appetitanregend *(linke Seite)*.

Mit Freude zu Tisch

Wenn Sie den Speisezettel nicht erst in letzter Minute, sondern wochenweise organisieren, bleibt Ihnen mehr Zeit, die Sie für die gemeinsame Zubereitung des Essens mit Ihrem Kind nutzen können. Das Kind entwickelt dabei auch Vorfreude auf das Essen, an dem es selbst mitgewirkt hat. Auch in das Tischgespräch sollten Sie das Kind miteinbeziehen: Fragen Sie, was es heute erlebt hat.

Kinder brauchen Vorbilder

Sobald Kinder mit am Küchen- oder Esstisch sitzen können, beobachten sie, wie sich die anderen verhalten, und beginnen, Tischsitten zu entwickeln. Wichtig ist, dass es Ihrem Kind Spaß macht, das Essen mit vorzubereiten und an der gemeinsamen Mahlzeit teilzunehmen.

Auch Kleinkinder können beim Tischdecken schon helfen, indem sie ungefährliche und unzerbrechliche Dinge wie Servietten an ihren Ort legen. Vielleicht bereitet es Ihrem Kind auch Freude, die Tischsets zu gestalten. Dazu können Sie Bilder, die Ihr Kind selbst gemalt hat, auf einen Karton in passender Größe kleben und laminieren lassen (siehe Seite 90). Ihr Kind wird das Set mit Stolz präsentieren – was wiederum seine Freude an einer gesunden und ausgewogenen Mahlzeit fördert!

Eine weitere Idee: Zeichnen Sie auf farbigem Karton die Umrisse von Geschirr und Besteck auf, schneiden Sie die Umrisse aus und kleben Sie sie auf farbige Pappe, um Ihrem Kind zu zeigen, wo Teller, Glas und Besteck beim Tischdecken richtig platziert werden. Damit solch ein Musterset, wie Sie es auf den Abbildungen links und rechts sehen, auch abgewaschen werden kann, sollten Sie es ebenfalls laminieren lassen.

Lernen

7
5
6

Talente fördern

Kinder sind von Natur aus neugierig und lernen durch ihre Freude am Experimentieren. Alles, was sie sehen, hören, betasten und erforschen, erweitert ihr Wissen. Deshalb fördern Sie Ihr Kind nach wie vor am besten, wenn es viele neue Eindrücke sammeln, beobachten und kreativ spielen kann.

Lernen erfolgt bei Kindern nach eigenen Gesetzen – mal in methodischen Schritten, mal in kreativen Sprüngen. Unterstützen Sie deshalb nicht nur den Wissenszuwachs Ihres Kindes, sondern immer auch die Freude am Lernen, indem Sie die Talente Ihres Kindes fördern und ihm genügend »Forschungsmaterial« zur Verfügung stellen.

Das ideale Umfeld für Ihr Kind sollte seinen persönlichen Neigungen und Interessen entsprechen. So braucht ein handwerklich oder ein künstlerisch orientiertes Kind Freiraum für kreatives Arbeiten, ein wissensdurstiger kleiner Bücherwurm bevorzugt dagegen eher phantasievolle Poster und einen ruhigen Platz zum Lesen. Ein musikalisch begabtes Kind wird sich einen Platz zum Üben wünschen, junge Abenteurer ein Klettergerüst oder ein Bücherregal voller inspirierender Geschichten.

ERHELLENDE IDEENECKE
Die transparenten Bambusrollos sorgen in dieser multifunktionalen Arbeits-, Studier- und Spielecke für ein warmes, natürliches Licht.

COMPUTERZENTRALE
Steht der PC in einem Arbeitsbereich, der für die ganze Familie zugänglich ist, dann können Sie Ihrem Kind leichter bei technischen Problemen helfen und ein Auge auf die Internetnutzung haben.

MEIN SCHREIBTISCHPLATZ
Ein Foto oder eine besondere Bastelarbeit von Ihrem Kind, gut sichtbar auf dem Tisch platziert, zeigt, dass dies sein ganz persönlicher Platz ist.

ARBEITSPLÄTZE AUS MODULEN
Schubladenelemente, kombiniert mit Tischplatten, bieten viel Arbeits- und Staufläche und können den wechselnden Bedürfnissen und Interessen der Familienmitglieder leicht angepasst werden.

GRIFFBEREITE INFORMATIONEN
Nachschlagewerke, Fachbücher oder Karten, die ausliegen, motivieren junge Wissensdurstige dazu, ihre Forschungen zu vertiefen.

VISUELLE IMPULSE
Bastelarbeiten, Fotos und selbstgemalte Bilder an den Wänden und im Fensterbereich beleben den Raum und inspirieren zu immer neuen kreativen Ideen.

VIEL PLATZ ZUM AUSBREITEN
Eine hufeisenförmige Anordnung der Tischflächen gibt Bewegungsfreiheit und eignet sich am besten für die Gestaltung des familiären Arbeitsbereiches.

FUNKTIONALE SITZMÖBEL
In der Höhe verstellbare Stühle auf Rollen können von der ganzen Familie genutzt werden.

Gemeinsam arbeiten

Ein Arbeitsbereich für die ganze Familie fördert das Zusammengehörigkeitsgefühl

Welche Familie freut sich nicht darüber, gemeinsam zu basteln oder zu arbeiten, insbesondere, wenn man dabei bequem sitzt, genug Arbeitsfläche hat und alles Nötige griffbereit liegt? Mit etwas gestalterischem Geschick lassen sich dabei die Bedürfnisse aller Familienmitglieder erfüllen. Im hier gezeigten Beispiel wurden Tischplatten mit praktischen Schubladenelementen kombiniert. Ein Regal, ein kindgerechter Tisch mit Stühlen sowie eine selbsterstellte Tafelfläche (Einzelheiten siehe Seite 59 und 110) kommen hinzu. Verschiedene Lichtquellen ergänzen das Tageslicht, lustige Accessoires auf den Tischen, grafische Wandgestaltungen und Spielzeuge lockern die Arbeitsatmosphäre auf.

Platz für junge PC-Spezialisten
Der verantwortungsbewusste Umgang mit dem Computer lässt sich leichter üben, wenn dieser sich in einem von der ganzen Familie genutzten Bereich befindet *(oben)*. Der Platz sollte ergonomisch auf die jungen Nutzer abgestimmt sein.

Eine vielseitige Arbeitsecke
In diesem Bereich *(links)* kann Ihr Kind auf einer Tafel malen, am Tisch einen Brief oder Schulaufsatz schreiben oder auch gemütlich auf dem Sofa lesen.

Farbige Akzente setzen
Die kindgerechte Sitzecke *(rechte Seite)* eignet sich perfekt zum Spielen, Basteln und Malen. Das Regal beherbergt Bücher und Lernspielzeug. Übergroße Buchstaben und Zahlen an der Wand fördern ganz nebenbei das Lernen und tragen zugleich zum Charme des Raumes bei.

M
6
4
2
6
1
A
B
Dogs
Sharks
TRAINS
MODERN SCIENCE
TREASURY OF CHILDREN'S CLASSICS

»Lass uns dahin gehen, wo es keinen Brokkoli gibt.«

Learning by doing

Durch Ausprobieren lernen Kinder, dass viele Wege zum Ziel führen

Stellen Sie einen Tisch, Stühle und Staumöglichkeiten bereit und fügen Sie ein paar Requisiten hinzu, vor allem Bücher, (Experimentier-)Baukästen, Musikinstrumente, Dinge zum Verkleiden, Mal- und Bastelsachen sowie Lernspiele – und schon schaffen Sie für Ihr Kind unendliche Spiel- und Lernmöglichkeiten. Das muss nicht teuer oder aufwendig sein, denn gerade die ganz einfachen Materialien wie Knetmasse oder Kreide bieten Kindern immer wieder neue, überraschende Anregungen. Ergänzen Sie die Spielrequisiten von Zeit zu Zeit, um Langweile gar nicht erst aufkommen zu lassen. Mit leicht handhabbaren Kreiden und Stiften unterstützen Sie die feinmotorische Entwicklung Ihres Kindes.

Der beschreibbare Tisch

Eine Tafel auf der Tischplatte motiviert zum Zeichnen und Malen.

1 Sie benötigen einen stabilen und kindgerechten Tisch. Schleifen Sie die Tischplatte glatt und versiegeln Sie sie mit einem wasserfesten Lack.

2 Kleben Sie die Kanten der geplanten Tafelfläche mithilfe eines Lineals gerade ab.

3 Tragen Sie die Tafelfarbe gemäß Herstellerangabe auf die Fläche auf. Entfernen sie das Abklebeband und lassen Sie die Tischplatte trocknen.

4 Stellen Sie staubfreie Kreide in unterschiedlichen Farben und einen kleinen Eimer mit einem feuchten Schwamm dazu – ein perfekter Lern- und Arbeitsplatz für Ihr Kind.

Verführung zum Lernen
Eine beschreibbare Tischplatte *(rechts und rechte Seite)* übt einen unwiderstehlichen Reiz auf Kinder aus und motiviert sie zum Schreiben, Rechnen und Malen.

Den Horizont erweitern

Durch ein Zimmer, das ferne Orte näher bringt, eröffnen Sie neue Perspektiven

Als eindrucksvolle Wandgestaltung sind Landkarten kaum zu schlagen. Sie vermitteln nicht nur eine Ahnung von fernen, unbekannten Ländern und der unfassbaren Weite unserer Welt, sondern fördern auch das bildliche Denken. Wenn Sie preiswerte regionale oder internationale Karten auf dünne Styroporplatten kleben, kann ihr Kind bestimmte Orte mit Stecknadeln markieren. Auf einer laminierten wandgroßen Karte, wie Sie sie unten und auf der rechten Seite sehen, lassen sich mit (wasserlöslichen!) Folienstiften tatsächlich erlebte Reisen oder Phantasiereisen einzeichnen. Den letzten Schliff erhält das Zimmer des kleinen Weltenbummlers durch Postkarten, Souvenirs und Schiffsflaggen.

Edmonton
Cape Blanco
Point St George

Interessen präsentieren

Ausgestellte Erinnerungs- und Fundstücke zeigen die Welt Ihres Kindes

Sie signalisieren Ihrem Kind, dass Sie seinen Wissens- und Tatendrang unterstützen, indem Sie seine Interessen – ob Tanzen, Schwimmen oder Themen wie Raumfahrt oder Tiere – durch Ausstellungsstücke dokumentieren. Zudem zeigen sie Ihrem Kind, wie man ganz unterschiedliche Objekte zu einer thematischen Einheit zusammenstellt. Eine Landkarte kann dabei den Hintergrund bilden für Souvenirs, Fotos und ein Flugticket, die ein Reiseerlebnis Ihres Kindes präsentieren. Dies kann in überschaubarer Größe auf einem Regal oder in einem Schaukasten (siehe nebenstehende Anleitung) geschehen. Da man sich an einem Thema schnell sattsieht, greifen Sie am besten mehrere Interessen auf.

Die 3D-Mini-Ausstellung

In selbstgebastelten, tiefen Holzrahmen lassen sich Schaukästen für kleine Schätze einrichten.

1 Besorgen Sie sich Holzleisten in benötigter Breite und schneiden Sie sie auf gewünschte Länge zu.

2 Fügen Sie die Leisten mit Holzleim zu Rahmen zusammen und stabilisieren Sie die Rahmenecken durch kleine Nägel.

3 Streichen oder beizen Sie die Rahmen und lassen Sie sie vor der Wandmontage gut trocknen.

4 Bestücken Sie die Schaukästen gemeinsam mit Ihrem Kind mit Bildern, Fotos und verschiedenen Ausstellungsobjekten.

Strandgut aus dem Urlaub
Themenschwerpunkt bei der Gestaltung des Zimmers könnte der letzte Strandurlaub sein, an den Fundstücke wie Seesterne und Muscheln sowie Postkarten und Fotos erinnern *(links und linke Seite)*.

Bücher griffbereit halten

Interessanter Lesestoff, der überall in der Wohnung bereitliegt, animiert Kinder auch zur spontanen Lektüre

Was Kinder gern lesen, das können Sie durch Vorlesen und durch Ihre eigene Begeisterung für Lektüre fördern. Da Kinder Tag für Tag vielen Ablenkungen ausgesetzt sind, ist es wichtig, das Augenmerk der Kinder auch bewusst auf Bücher und Zeitschriften zu lenken, indem Sie diese in Körben, Regalen und auf Tischen griffbereit neben bequemen und gut beleuchteten Sitzgelegenheiten auslegen. Auch wenn Ihr Kind schon selbst lesen kann, sollten Sie sich das Vergnügen nicht entgehen lassen, ihm vorzulesen. So können Sie Fragen des Kindes beantworten und es außerdem die Kunst lehren, zwischen den Zeilen zu lesen.

Lesestoff – einmal anders

Eine unkonventionelle Präsentation von Büchern *(links)* zieht die Aufmerksamkeit von Kindern auf sich und führt zum spontanen Griff nach einem Buch.

Bücher spielerisch präsentieren

Ein alter Handwagen *(rechte Seite)* besitzt als Bücherdepot besonderen Charme, zumal seine Fracht rasch zu einem anderen Lektüreplatz geschafft werden kann.

LIFE NATURE LIBRARY
Harry Potter
DINOSAURS
AERO FLITE
Insects &
Spiders

Neugier wecken

Ein Baby braucht keine Aufforderung, um mit den ersten Geh- und Sprechversuchen zu beginnen. Fasziniert verfolgen wir die Entwicklung des Kindes und die Ausprägung von individuellen Fähigkeiten und Interessen, die eigenen Regeln folgt. Das natürliche Lernbedürfnis Ihres Kindes können Sie jedoch in jeder Entwicklungsphase durch anregende Erfahrungen fördern.

Die Requisiten bereitstellen

Im Grunde müssen Sie nur für die richtigen Zutaten sorgen und können dann gespannt abwarten, was Ihr Kind bei seinem kreativen Tun daraus macht. Das Lernmaterial sollte in überschaubaren Kategorien geordnet und übersichtlich in Körben, Regalfächern oder Klarsichtfolien zugänglich sein. Ist alles griffbereit, muss Ihr Kind nicht erst danach fragen, bevor es mit dem Spielen loslegen kann. Ganz einfache Mittel wie Papier, Kreide und Knetmasse bieten dabei so vielfältige Spielmöglichkeiten, dass sie Kindern über Jahre hinweg immer wieder neue Anregungen liefern.

Von der Natur lernen

Kinder lieben es, die Natur zu erforschen – sei es beim Herumstreifen im Wald, am Strand, im benachbarten Park oder im Garten. Zum Spaß und der Bewegung an der frischen Luft kommt auch die Begegnung mit all den unterschiedlichen Materialien, Gerüchen, Geräuschen und sonstigen Geheimnissen der Natur hinzu – mit Phänomenen wie dem Jahreszeitenwechsel und dem Naturkreislauf mit dem Wachsen, Blühen und Verwelken und der wechselseitigen Abhängigkeit aller Lebewesen. Die meisten Kinder sind die geborenen Sammler. Überlassen Sie ihnen ein Regal für ihre Fundstücke – und im Handumdrehen wird das Regal zu einem kleinen Museum für Steine, Blätter, Stöcke und Muscheln (auf diese Weise vermeiden Sie auch, dass Ihnen derartige Fundstücke bei der Wäsche in den Hosentaschen der Kinder entgehen!). Kleinere Funde können in Schalen oder ehemaligen Gurkengläsern gesammelt werden, flache Beutestücke wie Blätter in Klarsichtfolien aufbewahrt werden. Nachschlagewerke helfen, neue Funde rasch zu identifizieren. Viele Kinder legen auch Wert darauf, ihre Sammlung mit genauen Angaben zu Fundort und -zeit zu beschriften.

ELLIS River
MASON

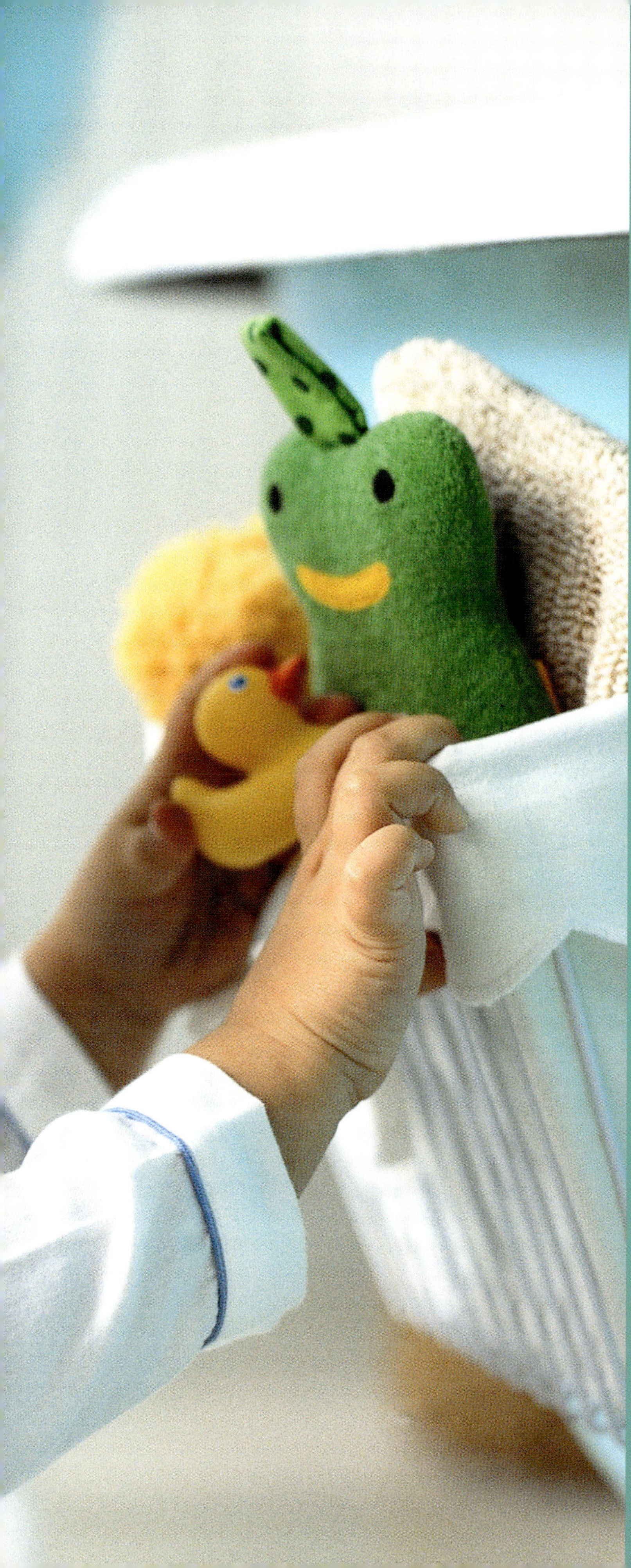

Baden

Ein Badezimmer für die ganze Familie

Kinder verändern den Wohnalltag komplett. Betroffen davon sind auch die Ansprüche an das Badezimmer. Wenn Sie Ihr Bad kinderfreundlich umgestalten, achten Sie auf jeden Fall darauf, dass Kinder ihre Zähne ohne Verrenkungen putzen und ausgiebig in der Wanne planschen können.

Für das Bad gelten zwei Regeln: Die Dinge, die Kinder benötigen, müssen für sie leicht erreichbar sein, während Medikamente, Scheren, Rasierzeug und Reinigungsmittel für sie auf keinen Fall zugänglich sein dürfen. Weitere Sicherheitsmaßnahmen im Bad empfehlen sich im Hinblick auf Steckdosen, das Türschloss (das von außen leicht zu öffnen sein sollte) und das Warmwasser (Verhindern von Verbrühungen).

Viele Eltern bevorzugen schlichte Fliesen und Armaturen, die sie mithilfe von kindgerechten Dekoartikeln und farbig gemusterten Wänden aufpeppen. Kuschelige Handtücher und Badeläufer tun ihr Übriges. Denken Sie auch an das Spielzeug für die Badewanne.

FENSTERDEKORATION
Lichtdurchlässige Rollos schützen vor unerwünschten Blicken, ohne den natürlichen Einfall des warmen Sonnenlichts zu verhindern.

WANNEN-TABLETT
Das auf der Wanne aufliegende Tablett aus Kunststoff, Draht oder Holz dient als praktische Ablage für Seife, Badezusatz, Shampoo oder eine ganze Familie von Quietsche-Entchen.

PRAKTISCHER HÄNGEKORB
Ein kunststoffummantelter Drahtkorb, der über der Wanne hängt, hält das Badespielzeug parat – und bewahrt es nach dem Gebrauch auch tropfnass auf.

ZUSÄTZLICHE ABLAGEN
Am Badewannenrand sind mit Frottee gefütterte Körbchen befestigt. Griffbereit warten Waschlappen, Badeschwamm und Spielzeuge hier auf ihren Einsatz (Einzelheiten siehe **Seite 131**).

KUSCHELIGER BODEN
Nach einem heißen Bad können kalte Fliesen für eine frostige Überraschung sorgen. Eine rutschfeste, weiche Baumwoll-Bademattе schafft Abhilfe.

WANDGESTALTUNG MIT URLAUBSSTIMMUNG
Mit Rundstäben verzierte und mit weißem Hochglanzlack versiegelte Wände vertragen Wasserspritzer und verleihen dem Badezimmer eine sommerliche Strandhaus-Atmosphäre.

AUSSTATTUNG MIT FLAIR
Das Waschbecken im altmodischen Stil und die auf Löwenklauen stehende Badewanne mit ihrer lebendigen Farbgestaltung begeistern sowohl Erwachsene als auch Kinder.

BUNTE ALLZWECKEIMER
Die persönlichen Toilettenartikel der Kinder können jeweils separat in Eimern mit Deckel verstaut werden, die dekorativ in zum Bad passenden Farben gestrichen wurden.

INDIVIDUALITÄT ENTWICKELN
Steigern Sie das Selbstbewusstsein Ihrer Kinder mit einem persönlichen Schemel. Mit rutschsicheren Aufklebern verziert dienen sie als Tritt, um an das Waschbecken zu gelangen. Unter einem aufklappbaren Deckel bieten sie zudem Stauraum.

So macht Baden Spaß

Betrachten Sie Ihr Bad einmal mit den Augen Ihres Kindes

Schon kleine Veränderungen machen das Badezimmer für Kinder zum Wohlfühlbereich. Durch stabile, kipp- und rutschsichere Schemel erreichen Kinder das Waschbecken ohne Probleme. Die Wasserhähne sollten dabei auch von kleinen Händen leicht bedienbar sein. Zusätzliche Spiegel auf Augenhöhe der Kinder sowie kindgerecht installierte Handtuchhalter und Kleiderhaken helfen ebenfalls dabei, den Nachwuchs zu selbständiger Körperpflege zu erziehen. Haar- und Zahnbürsten, Zahncreme und sonstige Toilettenartikel bewahren Sie am besten in bodennahen Behältnissen auf. Hier bieten sich Körbe, Eimer, Regale oder Ablagen an, die durch ihre Farbe dekorative Akzente setzen.

Tag für Tag griffbereit

Deponieren Sie Körperpflegeartikel, die täglich am Waschbecken verwendet werden, in dekorativen Behältnissen wie diesem gepunkteten Emaillebecher *(oben)*.

Körperpflege leicht gemacht

Die Wasserhähne lassen sich von Kinderhänden leicht bedienen und der Spiegel hängt in kindgemäßer Höhe *(links)*. Dies macht es den kleinen Benutzern leichter, sich zu waschen und zu kämmen.

Genug Platz für alle

Das trogähnliche Familienwaschbecken bietet Platz für mehrere Benutzer *(rechte Seite)*. Jedes Kind findet seine Toilettenartikel in einem eigenen Deckeleimer auf dem Boden. Unter dem Waschbecken hängen Handtücher, die farblich mit dem dazugehörigen Spiegel harmonieren.

» Du siehst lustig aus mit dem Schaum auf deinem Kopf. «

Gut verstaute Waschutensilien

Phantasievolle Ablagen und Behälter

Funktionalität ist oberstes Gebot bei der Planung des Bads. Nur häufig benutzte Artikel müssen stets griffbereit sein, alles andere kann weggepackt werden. Praktisch sind Haken und Ablageschalen für Waschlappen, Seife und Shampoo. Über der Wanne angebrachte Körbe eignen sich wegen der Luftzirkulation gut zum Trocknen von nassem Spielzeug. Der Bereich um das Waschbecken sollte vor allem Seifenspendern, Bürsten, Zahnbechern und Zahnbürsten vorbehalten bleiben. Für Regale, Kleiderhaken und Handtuchstangen nutzen Sie die vorhandenen Wandflächen. Körbe und Eimer setzen dekorative Farbakzente. Auch zweckentfremdete Gewürzregale, Blechdosen oder unzerbrechliche Emailleartikel sind praktisch.

Seitliche Wannenablagen

Offene Ablagekörbe halten das Spielzeug trocken und griffbereit.

1 Wählen Sie kleine Körbe aus ummanteltem Draht *(linke Seite)*, die an der Wanne mit Magneten oder Saugnäpfen zu befestigen sind.

2 Kaufen Sie zum Auskleiden der Körbchen zwei kleine Handtücher mit dekorativ eingefassten Kanten.

3 Nähen Sie die Handtücher passend jeweils erst der Länge, dann der Breite nach zusammen.

4 Ziehen Sie die waschbaren Einsätze über die Oberkanten der Körbe. Geben Sie dem Ganzen mit einer Bordüre den letzten Schliff.

5 In den Körben finden Spielzeug, Waschlappen und Schwämme Platz.

Unverzichtbare Badegäste
Nutzen Sie die individuellen räumlichen Möglichkeiten Ihres Badezimmers und bewahren Sie mithilfe solch dekorativer Körbe *(linke Seite und links)* die heißgeliebten »Badegäste« Ihres Kindes trocken und in Reichweite auf.

Badefreuden

Ob Meer, See, Pfütze oder Regen – die meisten Kinder fühlen sich von Wasser magisch angezogen, und lieben es, in der Wanne zu baden. Weil Kinder beim Baden auch spielen wollen, sollte Badespielzeug griffbereit liegen – und da ein Kind den Umgang mit Wasser, Badeschaum und Shampoo erst lernen muss, sollten Sie, während das Kind plantscht, bequem neben der Wanne sitzen können.

Eigene Badezimmerkollektion

Kinder verwenden Toilettenartikel bereitwilliger, wenn diese ihre Lieblingsfarbe haben. Kaufen Sie also am besten ein paar günstige Teile und versehen Sie andere mit passenden Aufklebern und Applikationen, so dass Ihr Kind über seine ganz persönliche Badezimmerkollektion verfügt – vom Handtuch und dem Schemel über Bürste und Kamm bis zur Zahnbürste und dem Zahnputzbecher. Angenehmer Nebeneffekt: Fortan werden sich alle Diskussionen erübrigen, wer das feuerrote oder meerblaue Handtuch auf dem Boden liegengelassen hat.

Spaß mit Lerneffekt

Baden kann nicht nur Spaß machen, sondern auch lehrreich sein, vor allem mit dem geeigneten Spielzeug, wie Plastikschüsseln, Messbechern, Trichtern und Sieben. Erwähnen Sie aber mit keinem Wort, dass es sich bei deren Handhabung um praktischen Unterricht im Abmessen, Addieren und Subtrahieren handelt. Fördern Sie darüber hinaus die kreativen Badefreuden Ihres Kindes durch spezielle Badekreide und Badefarben sowie durch Formen und Buchstaben, die an Fliesen haften. Kleinkinder blättern gern in wasserfesten Plastikbilderbüchern, während ältere Kinder sich an einer über der Wanne aufgehängten oder auf einem Wannentablett liegenden Zeitschrift erfreuen.

Denken Sie auch an die Möglichkeiten, die das Duschen bietet. Rein praktisch gesehen, eignet sich eine Handbrause zum Abspülen nach einem Schaumbad. Viel spannender ist natürlich eine Außendusche.

Sie können auch an jeden Gartenschlauch einen Duschvorsatz anschließen, mit dem Ihr Kind Sand und Schmutz vom Spielen im Freien oder Chlor nach dem Schwimmbadbesuch abspülen kann.

OWEN

Schlafen

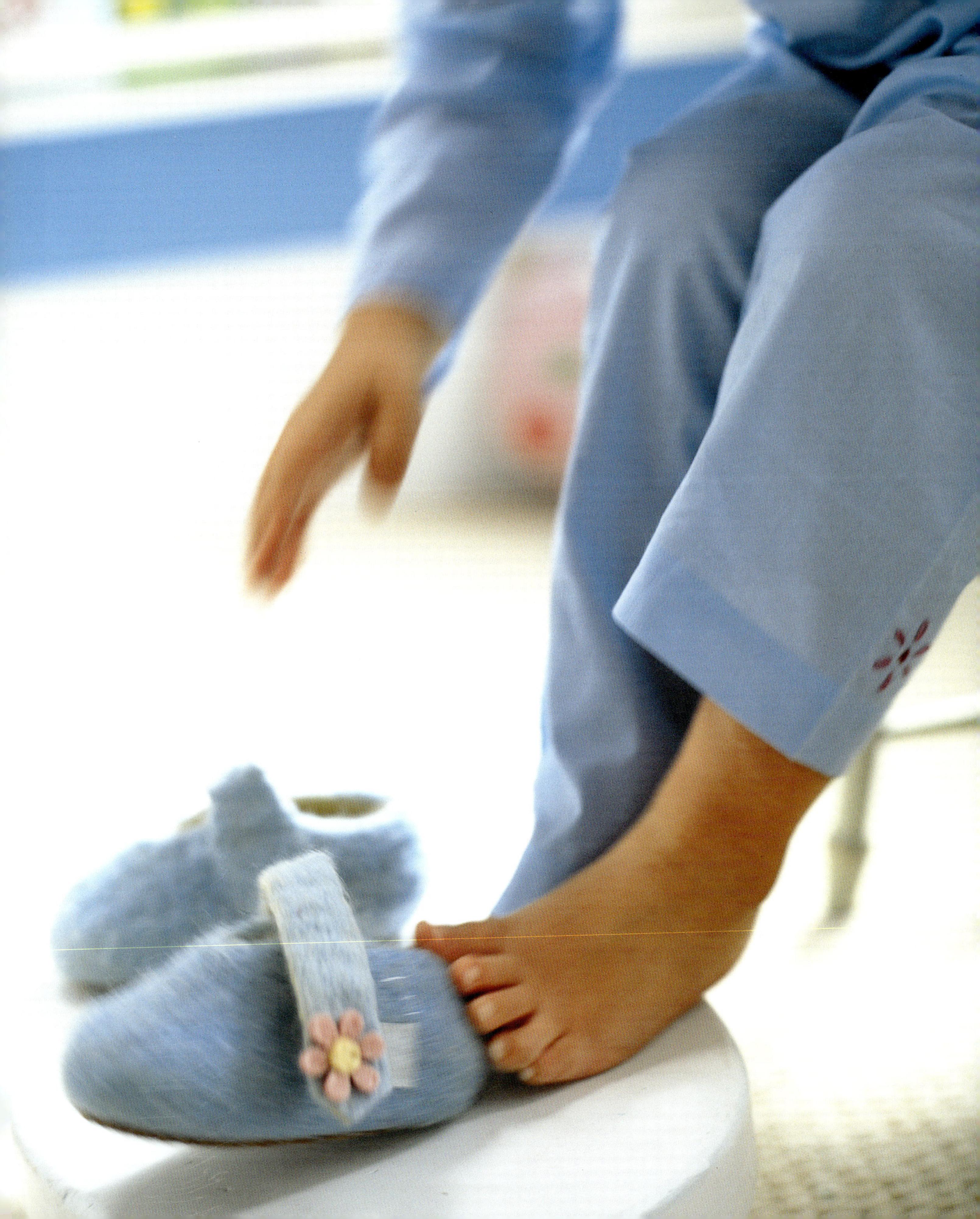

Ab ins Bett!

Nach einem Tag mit vielen Eindrücken genießen Kinder es am Abend, sich beim Vorlesen und Erzählen zu entspannen. Ein aufgeräumtes, in den Lieblingsfarben gehaltenes Schlafzimmer, in dem sich vertraute Gegenstände befinden, erleichtern den Übergang von lebhafter Aktivität zur Bettruhe.

Ob Einzelbett oder platzsparendes Etagenbett – das Bett Ihres Kindes setzt bei der Raumgestaltung den entscheidenden Akzent. Aber auch das Bettzeug, an dessen Auswahl Ihr Kind beteiligt sein sollte, ist wichtig. Die Motive von Decken, Laken und Bezügen sollten zueinanderpassen und sich auf ein Muster – sei es floral-verspielt oder geometrisch – beschränken.

Praktische Ablagen im Kinderzimmer wie ein Haken für den Bademantel, ein Korb für die Hausschuhe und ein Regal für die Gutenachtlektüre versüßen das Zubettgehritual. Ein weicher Bettvorleger, eine Leselampe, ein Glas Wasser auf dem Nachttisch sowie eine griffbereite Taschenlampe tragen ebenfalls dazu bei, dass Ihr Kind nach einem erquickenden Schlaf und angenehmen Träumen für die bevorstehenden Abenteuer des neuen Tages bestens gerüstet ist.

REGAL FÜR DIE BETTLEKTÜRE
Ein Regal, in dem die Bücher mit der Titelseite nach vorn präsentiert werden, macht Kindern die Auswahl der Gutenachtgeschichte leichter.

HAUCHZARTER BALDACHIN
Unter einem transparenten Baldachin aus weißem Schleierstoff fühlt sich jedes kleine Mädchen wie eine Märchenprinzessin.

MEHRSCHICHTVERFAHREN
Decken mit Waffelpiqué- und Jacquard-Muster, eine gesteppte Überdecke sowie mehrere weiche Baumwoll-Laken bilden Schichten, die je nach Bedarf miteinander kombiniert werden können und Ihr Kind wohlig schlummern lassen.

AB INS KÖRBCHEN!
Schlafanzüge, Strümpfe und Hausschuhe befinden sich leicht zugänglich in einer Reihe von Körben am Fußende des Bettes (Einzelheiten siehe **Seite 146**).

LUFTIGE VORHÄNGE
Bogenförmig geraffte Leinenrollos bilden das verspielte Gegenstück zum Baldachin und verleihen dem Zimmer einen Hauch von Eleganz.

PASSENDE LESESTÜHLE
Stühle in der Nähe des Bücherregals fügen sich farblich in die Zimmereinrichtung ein und laden zu jeder Tageszeit zum Lesen ein.

MEINE BILDERGALERIE
Hängen die Lieblingsbilder des Kindes wie hier an dekorativen Bändern an der Wand, dann empfindet das Kind den Raum noch mehr als »sein Reich«.

LEBENSGESCHICHTEN
Stabile Bänder, über Kreuz an eine Holztruhe getackert, geben Fotos von Familienmitgliedern, Freunden und Haustieren Halt.

ROBUSTER TEPPICHBODEN
Ein Bodenbelag aus Wolle oder auch ein bunter Chenille-Teppich machen das Kinderzimmer wohnlich und halten kleine Füße warm.

Gutenachtgeschichten

Das abendliche Vorleseritual wiegt Kinder sanft in den Schlaf

Die Liebe zum Lesen entwickelt sich schon im frühen Alter durch das Vorlesen und Erzählen. Bei der Einrichtung des Kinderzimmers sollten Sie daher unbedingt an einen gemütlichen Bereich für die Gutenachtgeschichte denken. Ein bequemer Sessel oder große Kissen am Kopfteil des Bettes – schon ist die kuschelige Ecke perfekt. Lesen oder erzählen Sie Geschichten lebendig und beziehen Sie Ihr Kind durch Fragen aktiv mit ein. Fahren Sie während des Vorlesens mit dem Finger unter den Zeilen entlang, um den Fluss der Wörter und wiederkehrende Formulierungen und Namen hervorzuheben. Das Vorleseritual lieben auch Kinder, die schon längst selbst lesen können.

Leseplatz und Buchablage
Ein gemütlicher, kindgerechter Stuhl *(oben)* lädt zum Lesen ein und ist nebenbei eine bequeme Ablagemöglichkeit für Bücher.

Einladende Minibibliothek
Mit wachsender Begeisterung am Lesen wird Ihr Kind sich freuen, sein aktuelles Lieblingsbuch auf dem Nachttisch neben seinem Bett vorzufinden, um den Tag mit ein paar weiteren Abenteuern aus seiner Gutenachtlektüre zu beschließen.

Lesevergnügen im Bett
Kann ein Kind erst selbst lesen, wird es sich voller Behagen mit einem Buch ins Bett verkriechen, um ungestört zu sein. Schön, wenn es sich dann mit seiner Lieblingspuppe an der Seite in ein gemütliches Kissen kuscheln kann *(rechte Seite)*.

»Ich mag nur Geschichten, die gut ausgehen.«

Gemütliches Nachtlager

Weiche Stoffe und leicht erreichbares Bettzeug sorgen für ein kuscheliges Nest

Berücksichtigen Sie bei der Auswahl des Bettzeugs, dass Kinder einen überaus sensiblen Tastsinn haben. Sie lieben leichte, flauschige Baumwoll-Laken und -Decken, die auch nach mehrmaligem Waschen weich und hautfreundlich bleiben. Sehr gern mögen sie auch Samt, Flanell, Chenille oder Fellimitat. Ist das gemütliche Nest für Ihr Kind erst einmal bereitet, dann sollten Sie in Griffweite Ablagemöglichkeiten schaffen. Hierzu bieten sich Bettschubladen, Unterbettkommoden, Rollcontainer, Nischen oder auch Regale am Kopfende des Bettes an. Sehr praktisch sind selbstgenähte Seitentaschen und Körbe, wie sie auf dieser und der folgenden Seite beschrieben werden.

Seitentaschen fürs Bett

In diesen Packtaschen finden Bücher, Taschentücher, Taschenlampe und vieles mehr Platz.

1 Waschen und bügeln Sie ein großes Stück festen, weißen Baumwollstoff (ca. 100 x 114 cm) und schneiden Sie daraus drei Rechtecke (20 x 23 cm) für die Taschen aus.

2 Säumen Sie die Taschen (Saumbreite 1,6 cm) und eine große Stoffbahn als Grundfläche (61 x 84 cm).

3 Verzieren Sie die Oberkante der Taschen mit einer hübschen Borte.

4 Verteilen Sie die Taschen auf der Stoffbahn, stecken Sie sie fest und nähen Sie sie mit Steppstich auf.

5 Schieben Sie die Oberkante der Stoffbahn etwa einen halben Meter weit unter die Matratze, so dass sie gut festgehalten wird.

Taschen für allerlei Kleinkram
Kleine Gegenstände, die sich sonst zwischen Decken und Kissen verlieren würden, finden in den praktischen Seitentaschen, die sich harmonisch dem Bett anpassen, ihren Platz (*linke Seite*).

Stauraum am Bett

Umgeben von vertrauten Gegenständen, fühlt sich Ihr Kind in seinem Bett sicher

Bedenken Sie bei der Planung von Stauplatz im Schlafbereich die persönlichen Vorlieben und Gewohnheiten Ihres Kindes. Also lieber ein Kleiderhaken für Pyjama und Bademantel als ein Regalbrett für Bücher und Stofftierchen? Ein Ehrenplatz sollte den persönlichen Favoriten, wie zum Beispiel einer geliebten Wolldecke, vorbehalten sein. Wenn auf dem Bett tagsüber zahlreiche Kuschelkissen und Decken liegen, sollte eine Ablagemöglichkeit in Bettnähe eingeplant werden. Körbe, die an das Fußteil des Bettes gehängt werden, oder auch Stofftaschen, wie sie auf der vorhergehenden Seite beschrieben werden, bieten sich hier an. In offenen Körben (siehe unten) finden Kinder leicht, was sie suchen.

Hängekörbe am Bett

Eine einfache Möglichkeit, um zusätzlichen Stauraum zu schaffen.

1 Nehmen Sie einige kleine Körbe aus Weiden- oder Plastikgeflecht und ziehen Sie farblich passende Bänder durch den Rand der Körbchen. Das Band muss lang genug sein, um den Korb am Fußende des Bettes befestigen zu können.

2 Falls möglich, binden Sie einfach die Bänder am Bettgestell fest. Ansonsten markieren Sie am Fußteil passende Befestigungspunkte unterhalb der Matratze und bohren diese leicht an, um dort Schraub-Ösen (im Baumarkt erhältlich) eindrehen zu können. Vorsicht: Die Ösen nicht durch die Außenseite des Fußteils schrauben! Die Bänder nun an den Ösen verknoten.

3 Passen Sie die Länge der Bänder einander an, damit die Körbchen am Bettende in der gleichen Höhe nebeneinander hängen.

Platz für Bettgefährten
In den offenen Körbchen, die am Fußende des Bettes aufgehängt sind *(rechte Seite)*, finden die Kleinen schnell Nachtwäsche, Taschenlampe oder auch ihren Lieblingsnachtgefährten *(rechts)*.

Das Mehrbettzimmer

Auch in einem gemeinschaftlichen Zimmer hat bei guter Planung jedes Kind seinen ganz persönlichen Bereich

Teilen Kinder sich ein Schlafzimmer, sammeln sie wertvolle Erfahrungen in Sachen Kompromissbereitschaft und Kooperation. Farblich unterschiedlich gestaltete Bereiche, individuelle Bettlösungen und persönliche Details in der Gestaltung sorgen dafür, dass in einem Mehrbettzimmer jedes Kind über sein »eigenes Reich« verfügt. Für Kinder ab sechs Jahren bieten Etagenbetten mit sicheren Geländern und Leitern ein raumsparendes und für Kinder zugleich spannendes Konzept. Kommen herkömmliche Betten zum Einsatz, helfen geräumige Unterbettkommoden dabei, Platz zu sparen.

Perfekte Harmonie
Farblich aufeinander abgestimmte Betten verleihen diesem Zweibettzimmer Einheitlichkeit *(links)*. Für Lebendigkeit sorgen bunten Wendedecken und -kissen.

Alle Regenbogenfarben
Etagenbetten *(rechte Seite, hier abgebildet ohne Bettgeländer!)* sind platzsparend und dekorativ. Jedes Kind darf sich ein eigenes Farbschema für sein Bett wünschen, wobei die Muster der Bettwäsche miteinander harmonieren sollten.

C
J
N
A

Geliebte Einschlafrituale

Den meisten Kindern hilft ein Einschlafritual, um zur Ruhe zu kommen. Dabei entwickelt jedes Kind seine eigenen Vorlieben. Ein Wecker kann zum Beispiel daran erinnern, die Tagesaktivitäten zu beenden und sich für das Bett vorzubereiten. Eine zeitlich begrenzte Vorlesestunde und ein Schlaflied, begleitet von einer Streichelmassage, lassen Ihr Kind bestimmt einschlummern.

Ungestörte Bettruhe

In einem lärmfreien Umfeld schläft Ihr Kind tief und fest (die vertrauten Geräusche einiger Haushaltsgeräte können jedoch sogar beruhigend wirken). Positionieren Sie deshalb das Kinderbett in einem möglichst ruhigen Bereich, wobei Teppiche und Vorhänge Geräusche dämpfen. Sorgen Sie eventuell für ein einschläferndes Hintergrundgeräusch wie das Surren eines Heizlüfters. Manche Kinder schlafen am besten zu leiser Musik ein, wofür ein CD-Player in der Nähe des Bettes praktisch ist.

Der Korb für schöne Träume

Vertraute Lieblingssachen schaffen ein Gefühl der Geborgenheit und Sicherheit und können das Einschlafen Ihres Kindes unterstützen. Stellen Sie daher gemeinsam mit Ihrem Kind einen »Traumkorb« mit den absoluten Favoriten des Kindes zusammen und halten Sie ihn in Bettnähe griffbereit. Ein geliebtes Märchenbuch gehört ebenso in den Korb hinein wie ein Kuscheltеddy, eine weiche Schmusedecke, eine alte Spieluhr oder auch der Lieblingspyjama. Dem »Traumkorb« oder der »Traumtasche« verleihen Sie eine persönliche Note, indem Sie ihn mit dem Namenszug des Kindes versehen oder mit bunten Bändern, Borten und lustigen Motiven verzieren. Der »Traumkorb« versüßt Ihrem Kind jedoch nicht nur die Zubettgehzeit und den Mittagsschlaf, sondern erweist sich auch als ein wertvoller Begleiter, wenn das Kind einmal außer Haus bei Freunden übernachtet. Außerdem verhilft der »Traumkorb« dem Kind auf Reisen zu einem ruhigen Schlaf und lässt in fremden Gefilden Heimwehgefühle erst gar nicht aufkommen.

MILES
CLEAR TABLE
WATER PLANTS
READ
21

Ordnung halten

ELMER'S
Glue-All
The American Heritage FIRST DICTIONARY
Wolf Cub Scout Book
R.L. STINE
ann
coat
oa

Eine gut organisierte Familie

Kinder haben die wunderbare Gabe, mit ihren Siebensachen ein Haus in ein Zuhause zu verwandeln. Spielzeug auf dem Kaffeetisch und Sportgeräte im Hausflur bringen sogar dann noch Leben in die Wohnung, wenn die Kinder bereits fest schlafen. Gut durchdachte Ordnungsprinzipien ersparen ständiges Aufräumen und schaffen Zeit für Wichtigeres.

Vieles ergibt sich im Alltag spontan, aber etwas Organisation erleichtert tägliche Rituale wie Kochen, Spielen, Baden und Zubettgehen erheblich. Für jeden Wohnbereich gelten die gleichen einfachen Grundregeln: Sortieren Sie alles Überflüssige aus, teilen Sie den Rest in Kategorien ein und schaffen Sie für jede Kategorie Stauplatz. Offene, gut gekennzeichnete und leicht zugängliche Behältnisse sollten sich die Waage halten mit geschlossenen Staumöglichkeiten, die einen Raum ruhiger wirken lassen.

Alle Dinge sollten am besten dort untergebracht sein, wo sie am häufigsten benutzt werden. So sind Schuhe im Eingangsbereich perfekt platziert, und wenn Ihr Kind gern am Küchentisch malt, ist ein Regal in der Küche der richtige Platz für Malstifte. Stauräume sind idealerweise so geplant, dass Gegenstände nach Gebrauch fast von selbst am richtigen Ort landen.

AUFGABENTAFELN FÜR ALLE
Jedes Kind hat eine eigene Schiefertafel auf der kleine Arbeitsaufträge stehen. Es macht Freude, wenn der Auftrag nach dem Erledigen von der Tafel weggewischt werden kann.

NACHRICHTENZENTRUM
Eine Pinnwand aus Kork erinnert an wichtige Termine, Geburtstagseinladungen und Sportereignisse (Einzelheiten siehe **Seite 158**).

DOPPELTER NUTZEN
Eine Kiste, die zugleich als Sitzbank dient, nimmt im Flur nicht nur viele Dinge in sich auf – die Kinder können sie auch wunderbar beim An- und Ausziehen der Schuhe als Sitzmöbel nutzen.

PRAKTISCHE BEHÄLTER
Offene und geschlossene Körbe und Kästen im Zimmer verteilt, halten tausend Dinge dort bereit, wo die Kinder sie brauchen.

KLEIDERHAKEN IN REIHE
An großen Wandhaken in kindgerechter Höhe hängen Rucksäcke, Taschen und alle anderen Utensilien für unterwegs.

EIGENES GARDEROBENFACH
Namensschilder oder Motivbildchen an der Garderobe oder dem Spint helfen den Kleinen, ihre Jacken, Mäntel, Mützen oder Schals in »ihrem« Bereich wiederzufinden und dort Ordnung zu halten (Einzelheiten siehe **Seite 165**).

DER RICHTIGE BODEN
Gerade im Eingangsbereich kann der Fußbodenbelag gar nicht strapazierfähig und unempfindlich genug sein. Fußmatten und wasserfeste, robuste Materialien sind unverzichtbar.

SCHUHE INS KÖRBCHEN
Ein Korb nimmt gleich im Eingangsbereich die Schuhpaare nach dem Spielen in Empfang und verhindert Fußspuren auf dem Teppich.

Der erste Eindruck zählt

Was Kinder zum Spielen im Freien brauchen, hält der Eingangsbereich bereit

Die Eingangstür ist wie eine Sraßenkreuzung – hier läuft der Verkehr in alle Richtungen. Besonders in einem Haushalt mit Kindern muss im Eingangsbereich einiges verstaut werden können. Im Idealfall gibt es einen Windfang, der genug Stauraum bietet, denn in der Regel werden Schuhe, Jacken, Spielgeräte für draußen, Schulsachen sowie allerlei Sportartikel dort aufbewahrt. Zu einer gut durchdachten Gestaltung des Haustürbereichs gehören auch eine Sitztruhe zum An- und Ausziehen der Schuhe, eine Leiste mit Wandhaken in kindgerechter Höhe zum Aufhängen nasser Jacken und eine Pinnwand für wichtige Nachrichten und Notizen.

Originelle Gedächtnisstütze

Die Signalflagge eines amerikanischen Briefkastens *(oben)* erinnert die Kleinen an wichtige Hausaufgaben oder Unterlagen, die mit zur Schule genommen werden müssen. Dieselbe Funktion kann auch ein einfacher Büroablagekorb übernehmen.

Sichtbar aufbewahrt

Jedes Kind hat seine eigene Pinnwand. Auf ihr wird festgepinnt, was sonst vielleicht im Altpapier landet: Infoblätter, Einladungen, Fotos oder Postkarten *(links)*. Jede Wand spiegelt die individuellen Interessen ihres Besitzers wieder.

Die Grenze

Der Windfang *(rechte Seite)* dient als Verbindung zwischen drinnen und draußen. Mit einem waschbaren Teppich, einem Korb für nasse Schuhe, Wandhaken für Taschen, Staufächern und einer Wand für Sportartikel ist er perfekt eingerichtet.

21
SOCCER

» Warum läuft dieser Ball nur immer vor mir weg? «

Alles an seinem Platz

Häufig benutzte Dinge sollten möglichst griffbereit verstaut sein

Kleine Kinder werden groß: Standen im Windfang vor kurzem noch Schühchen und Seifenblasen-Fläschchen, so sind es im Nu Rucksäcke und Sportartikel. Damit Ordnung möglich ist, sollten Sie sich über die Ausrüstung der Kinder stets auf dem Laufenden halten, denn ein sperriges Kasperltheater erfordert eine andere Unterbringungslösung als kleine Spielzeugautos. In Truhen und Kisten lassen sich auch unhandliche Spielsachen aufbewahren, in Schubladen und Schachteln ist Kleinkram bestens aufgehoben. Wichtig ist dabei die Frage, was täglich benutzt wird, denn diese Dinge müssen leicht zugänglich sein. Lochwände (siehe unten) eignen sich gut zur Aufbewahrung von Sportartikeln.

Eine Lochwand installieren

Dank passender Haken an einer Wand sind alle wichtigen Sportgeräte stets zur Hand.

1 Sollten die im Baumarkt fertig zugeschnittenen Lochwand-Elemente nicht passen, dann schneiden Sie sie Ihren Räumlichkeiten entsprechend zu (oder lassen sie zuschneiden).

2 Dübeln Sie aus Holzlatten einen Hilfsrahmen an die Wand, der die Lochwand an der Ober- und Unterkante und in der Mitte stützt.

3 Befestigen Sie die Lochwand mit Holzschrauben am Hilfsrahmen.

4 Bestücken Sie die Wand mit verschiedenen Haken und Trägern, um daran Sportartikel platzsparend und griffbereit unterzubringen.

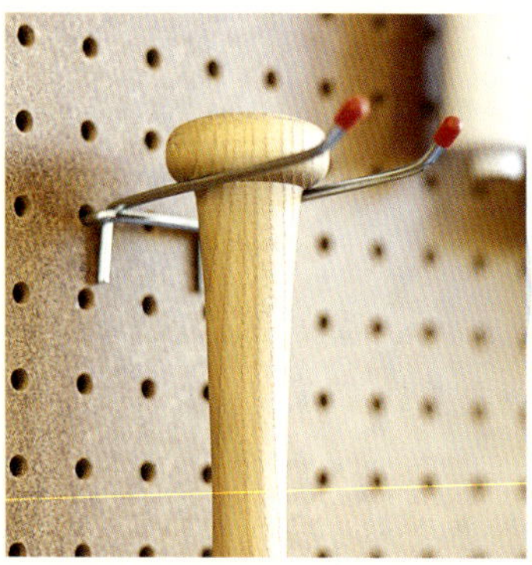

Auf kindgerechter Höhe
An der Lochwand *(rechts)* hängt die Sportausrüstung in der richtigen Höhe. Die Sitzbank macht es Kindern möglich, höher gehängte Artikel zu erreichen *(rechte Seite)*.

10

1 DAY
MUSEUM
1 WEEKEND
LAKE TAHOE
TENNIS
SOCCER
BAN

Jedem das Seine

Beschriftungen sorgen dafür, dass Dinge dort verstaut werden, wo sie hingehören

Nicht alle Kinder sind von Natur aus ordentlich, die meisten aber sehen ein, dass sie mehr Zeit für das Fußballspielen oder Musizieren haben, wenn sie nicht erst lange nach dem Ball oder den Noten suchen müssen. Ordnen Sie durch Beschriftung oder Bilder einzelne Behältnisse den Familienmitgliedern zu – vielleicht sogar deren unterschiedlichen Freizeitaktivitäten –, dann weiß Ihr Kind bald genau, wo sich seine Sachen befinden und wohin es sie zurückbringen soll. Die Behältnisse müssen für kleine Hände handhabbar sein und der Inhalt auf den ersten Blick erfassbar. Kann ein Kind den ganzen Korb mitnehmen, ohne erst Dinge herausnehmen zu müssen, bleibt die Wohnung von selbst ordentlich.

Dekorative Beschriftung

Deutlich markierte Behältnisse sind praktisch und fördern außerdem den Ordnungssinn Ihres Kindes.

1 Überlegen Sie zunächst einmal, für welche der Freizeitaktivitäten Ihres Kindes besonders viel Kleinkram gebraucht wird.

2 Besorgen Sie sich dann nicht nur praktische, sondern auch optisch gut zueinander passende Behältnisse, wie verschiedene Rattankörbe, bemalte Blecheimer, farbige Holzkisten oder auch stabile Schachteln.

3 Beschriften Sie die Behältnisse mit dreidimensionalen Buchstaben, zum Beispiel mit Kühlschrankmagneten oder Holzbuchstaben aus dem Spielzeugladen oder Bastelgeschäft.

Transportable Ordnung
Die markante Beschriftung auf den Holzkästen zeigt auf den ersten Blick, was im Kasten steckt *(linke Seite)*. Kinder können sich die entsprechenden Behältnisse mit dem Zubehör für das Flöte- oder Fußballspielen einfach schnappen und überallhin mitnehmen, wo sie spielen möchten *(links)*.

Gute Kommunikation im Haus

Werden Hausaufgaben und andere Erledigungen gut sichtbar präsentiert, lernt Ihr Kind spielend, seine Zeit einzuteilen

Es ist schön, wenn Ihr Kind einen großen Freundeskreis hat und jede Menge unterschiedlicher Interessen. Um so wichtiger ist es für Sie, die täglichen Termine nicht aus dem Auge zu verlieren. Ein großer Terminkalender als Gedächtnisstütze für die ganze Familie kann hier äußerst nützlich sein. Auch ein Schwarzes Brett erinnert Ihre Kinder an Einladungen und Verabredungen und hält alle anderen Familienmitglieder über die verschiedenen Aktivitäten auf dem Laufenden.

Freizeitplaner

Zusätzlich zum Terminkalender für die ganze Familie sammeln sich auf diesem Lochbrett »Denkzettel«, die mit Wäscheklammern an farbigen Schnüren festgehalten werden *(links)*: Verabredungen zum Spielen, Sporttermine, Einladungskarten oder der nächste Zahnarzttermin.

Kommunikationszentrale

Eine an einem zentralen Ort in der Wohnung platzierte Wandtafel *(rechte Seite)* lädt Ihr Kind dazu ein, wichtige Nachrichten – oder auch die eine oder andere lustige Botschaft – für die Familie zu hinterlassen.

gone to beach
ANN

Megan
Scrunchies

Kleiderordnung

Eine geschickte Aufteilung gibt geräumigen Stauflächen für Kleidung und Schuhe den letzten Schliff

Ein offener Schrank mit einer langen Kleiderstange bringt Ordnung und Freiraum in den Ankleidebereich. Um die vorhandene Staufläche möglichst clever zu nutzen, werden selten getragene Teile in obere, schwerer zugängliche Fächer verbannt, oft getragene Pullover, Shirts, Hosen und Schuhe in leicht erreichbaren Fächern und Schubladen verstaut. Unterwäsche, T-Shirts oder Jeans lassen sich in Schubladen und Regalen handlich und übersichtlich stapeln. Besonders beliebt bei den Kleinen sind Kleiderhaken, offene Fächer und große Körbe.

Schrankkreationen

Ein Einbauschrank mit Schubfächern *(linke Seite)* wird mit einer zusätzlichen Kleiderstange und drapierten Vorhängen zum luftigen, eleganten »Ankleidezimmer«. Sitztruhen helfen den Kindern beim Schuheanziehen und beim Erreichen der aufgehängten Kleidungsstücke.

Die Details zählen

Beschriftete Kartons und dekorative Hutschachteln sorgen für Ordnung *(rechts)* und setzen der kindgerechten Schranklösung das i-Tüpfelchen auf.

Kreative Ideen zum Verstauen

Kinder mag es überraschen, dass auch Erwachsene mit dem Ordnunghalten zu kämpfen haben. Ein gut geplantes System ist jedoch meist schon die halbe Ordnung. Um den Platz in Ihrer Wohnung effektiv zu nutzen, sollten Sie auch Bereiche in den Blick nehmen, die man gern übersieht: So findet sich vielleicht unter der Treppe noch Platz für einen Schrank mit viel Staumöglichkeiten.

Ordnungskriterien

Kinder erobern sich die unendlich große Welt, indem sie die ihnen bekannten Dinge in Kategorien einordnen. Zunächst sammeln sie Ähnliches zusammen, um später feinere Unterscheidungen zu treffen. So können aus Kindersicht durchaus erst einmal alle Vierbeiner »Hunde« sein, bevor dem Kind die Unterscheidung »Kuh« bekannt ist. Sie können Ihrem Kind helfen, das Ordnunghalten zu lernen, indem Sie mit ihm zusammen Spielsachen und Kleidungsstücke ihrer jeweiligen Funktion nach ordnen und einzelne Untergruppen bilden. Erklären Sie dem Kind zum Beispiel, dass alles Spielzeug in das Kinderzimmer gehört und die Bälle in einen besonderen Korb. Kinder verstehen sehr schnell, dass sie auf diese Weise Dinge leichter finden und eine zusätzliche Kennzeichnung die Suche noch vereinfacht. Wenn Sie Ihr Kind aktiv in die Gestaltung und Kennzeichnung der Fächer mit einbeziehen, wird es das Ordnungssystem gern annehmen! Lassen Sie sich zu bisher ungenutzten Stauflächen inspirieren. So kann der Raum unter einer Treppe, versehen mit beschrifteten Einbauschubladen, jede Menge Spielzeug oder Sportkleidung aufnehmen (rechte Seite).

art
dolls
shoes
SLOW PLANET

Register

6
5
4
3
2
1

Danksagung und Bildnachweis

Weldon Owen dankt folgenden Personen und Organisationen für die großzügige Unterstützung, die dieses Buch erst ermöglichte:

Ergänzende Fotos
King Au, S. 60 (links), 148, 149; Reed Davis, S. 83, 133; Paula Hible, S. 92 (oben rechts); David Matheson, S. 42, 53, 58 (linke Seite), 88, 96, 97 (rechts), 124f., 126f., 130, 170f., 175; Michael Mundy, S. 4f.; Anna Williams, S. 128

Fotoassistenten
Tom Hood, Bill Moran, Matt Stevens

Ergänzende Gestaltung
Kate McCann, S. 90ff., 113–117, 138f., 140, 145f., 166, 168f.; Andrea Austin, Einband

Gestaltungsassistenz
Sheherazade »Shaz« Arasnia, Lolly Holloway, Greg Lowe, Renée Myers, Rob Oxenham, Melissa Scott, Meghan Wood

Koordination der Fotoaufnahmen, Sonderprojekte
Brooke Lydecker, Elizabeth Russell

Ausstattungskoordinatoren
Max Baloian, Darrell Coughlan, Bryan Dobson, Scheffer Ely, Mario Serafin, Kimball Stone

Hauseigentümer
Olivier Azancot & Natascha Couvreur, The Butti Family, Carole Chapman, John & Heather Elder, Robert Hudson & Shelly Anderson, Brian & Jennifer Kelly, Tom & Cary Nowell, Todd & Pam Severson, John & Janet Simonson, David & Ellen Turner

Redaktion
Kathy Kaiser, Lektorat; Desne Ahlers, Gail Nelson-Bonebrake, David Sweet, Korrektoren; Ken DellaPenta, Registererstellung

Gestaltungsberatung
Berndt Abeck

Dekoration und Requisiten
Brendan Creemer, Lilac Bow Yoke, Montessori products from Edu Aids, Emily Newell, Eloise & Georgia Shaw, Quincy Stivers

Assistenz, Beratung oder Unterstützung
Ginger Angell, Adrienne Aquino, Brett Bachtle, Leonie Barrera, Birdman Inc., Emma Boys, Tricia Burlingham & team, Nancy Chew, Peter Cieply, Kevin Crandall, Jacquelyn Dombrowski, Mara Garrity, Generations Model & Talent Agency, Emily Jahn, Kass Kapsiak (Catering by Kass), Bonnie Katz, Alissa Lillie, Rachel Lopez, Sarah Lynch, Marla Dell Talent, Meghan McDonough, Virginia McLean, Rose Meyers, Shawna Mullen, Charlie Nelson, Todd Rechner, Manny Rendon, Shadin Saah, Peter Scott, Steve's Painting & Renovating, Forrest Stilin, Police Officer Paul Stromoski, Anne Tamrazi, Sara Terrien, Jill Thompson, Richard Van Oosterhout, Scot Velardo, Angela Williams

Über Pottery Barn Kids

Nach der Gründung im Jahr 1999 entwickelte sich Pottery Barn Kids sehr schnell zur führenden Marke für Kinderzimmereinrichtungen in den USA. Im Programm von Pottery Barn Kids finden sich Möbel, Kinderzimmertextilien und Wohnaccessoires für Kinder vom Kleinkindalter bis zum Grundschulalter.
Kontakt und Warenbezug unter: www.potterybarnkids.com